日本初のバストアップ鍼灸師の

「胸《バスト》」からきれいに変わる自律神経セラピー

正木治療院院長
正木民子

青春出版社

はじめに

最初にお伝えしたいことがあります。この本は単なるバストアップ本ではありません。バストケアを通して、女性の体と心を元気にする健康本です。

私はこれまで、日本初の「バストアップ鍼灸師《しんきゅうし》」として、多くの女性のバストと向き合ってきました。

「美容」へのアプローチは、確実に「健康」へとつながります。逆にいえば、健康と両立しない「きれい」は見せかけのもの。その見せかけがまかり通っている、代表的ともいえるものが「バスト」なのです。

バストが「女性の象徴」ということについて、皆さん異論はないと思いますが、実はバストは「女性の健康のバロメーター」でもあるのです。

「美容」と「健康」の両方に大きく関わるバストですが、なんとかわいそうな仕打ちを受けていることか。

バストアップのために、上げて寄せて谷間をつくるブラにむりやり押し込められる。

ぐりぐりと痛いマッサージをする。

サプリメントを過剰に摂取する。

せっせと筋トレに励む……。

右にあげたものは、どれもバストにとって「かわいそう」なこと。年齢以上に老けた「老けバスト」をつくってしまうのです。

「え、ダメなの!?」と驚いた方も多いでしょう。治療院にいらっしゃる女性たちも、ほとんどがそうでした。バストの悩みを解消しようと「バストによい」とされることを実践していたのに、実はすべて逆効果だったのです。

なかには、窮屈《きゅうくつ》だからと、ブラジャーではなくてブラトップ（カップ付きインナー）を愛用している人もいますが、これも「老けバスト」を招いてしまいます。

私の鍼灸師としての施術実績は3万人、そして母乳ケアを含め1万人の女性のバストケアを行ってきました。これだけの女性の体とバストを見てきて、「バスト受難の時代」だなと、つくづく思うのです。

日本初のバストアップ鍼灸をスタート

女性専門の鍼灸治療院「正木治療院」を名古屋で開業して20年。一貫して女性の美容と健康のための施術を提供してきました。

治療院を開業した当時、「鍼灸」は女性にとってあまり馴染みのあるものではありませんでした。「痛そう」というイメージがあったのでしょう。「腰が痛いなら湿布でいい」「クイックマッサージや整体で十分」と、女性にとって鍼灸治療院は敷居の高い場所だったのです。

女性が足を運びやすい治療院にするため、「女性専門」を打ち出してはいましたが、それだけではどうも弱い。「痛いかもしれないけど、これならやってみたい！」と踏み出してもらえるような強いアピールはないか？　と日々模索していました。

女性の多くは我慢強くて、少々の体調不良や痛みもものともせず家事や仕事に取り組みます。その我慢強さは自分自身の美を磨くためにも大いに発揮されます。きれいになるためなら、痛みを伴う美容整形手術や審美歯科の治療もなんのそのです。

女性の鍼灸ファンを増やすには、「きれいになりたい」気持ちに応える施術を提供すればよいのではないか――そうして掲げたのが「バストアップ鍼灸」でした。

誤解のないように付け加えると、鍼灸もマッサージも痛みを伴うものではありませんが、「痛そう」という先入観は、来てもらわないことには払拭できません。先入観を乗り越えて鍼灸院に来てもらうには、ご本人の「きれいになるぞ！」というモチベーションに勝るものはないと考えたのです。きれいになれば健康になりますし、健康になればきれいになります。

美顔鍼、痩身鍼などはありましたが、バストアップ鍼灸を看板メニューに据えたのは、私が開業以来、バストに悩みのある女性たちにご縁があったことと、日本では当時バストアップ鍼灸を専門としている鍼灸師がいなかったからです。そこで日本初のバストアップ鍼灸院をスタートさせ、これまでに３０００人の女性のバストアップをかなえてきました。

２０２０年からスタートしたオンラインサロンでは、鍼《はり》による施術なしでもバストアップする人が続出しています。

そう、私たちの日頃の体の使い方や生活習慣を見直すだけでも、バストは確実に変わっていくのです。

迷走するバストケアに終止符を！

「バストを大きくしたい」「形を整えたい」という女性の切実な願いに呼応するように、「理想のバスト」をつくると謳《うた》ったブラジャーやサプリメント、セルフマッサージなど、さまざまな商品や情報が溢れています。

でも、そもそも、あなたのバストはなぜ大きくならなかったり、崩れてしまったのでしょうか？　どうして、見るたびに寂しい気持ちになり、しまいには見るのもイヤになる「老けバスト」になったのでしょうか？　授乳、更年期、加齢による体形の変化――などだけが原因だと思っていませんか？

実は、「老けバスト」の大きな原因は「自律神経の乱れ」です。自律神経を整えればバストも美しく整っていきます。反対に、バストを整えれば自律神経も整っていきます。

美しくなるということは、心も体も健康になるということ。「正木式」メソッドは、あなたの心身を美しく健康に導きます。

第1章 バストは自律神経とつながっていた！

第2章

「老けバスト」が若返る！ 1分メソッド

第3章　「バストのポテンシャル（底力）」を引き出す習慣

第4章

40歳からの「バストの反抗期」の乗り越え方

本文イラスト／植木美江
本文デザイン／青木佐和子
編集協力／名冨さおり

第1章

バストは自律神経とつながっていた！

肩こりの治療で母乳が出るようになった理由

もう20年ほど前のことになります。

ある女性が「肩こりをなんとかしてください！」と、開業して間もない正木鍼灸院にいらっしゃいました。一見してだいぶお疲れのご様子で、それもそのはず、カウンセリングでお話を伺うと産後間もないとのこと。

産後の疲労が抜けないまま慣れない新生児のお世話に突入し、緊張の毎日を送っていたのです。女性が語らずともガチガチの肩が教えてくれました。

疲れがたまっているからでしょう。母乳の出も悪く、そのことを気にしているご様子でした。

うつぶせになっていただいて肩から肩甲骨へと鍼を打っていくと、うつらうつらしはじめた女性がポツリとひと言。

「あれ、なんかおっぱいが張ってきたかも」

そのときはとくに気にも留めなかったのですが、後日、女性の報告を聞いて心から愉快な気持ちになりました。

「家に帰るまでにおっぱいがどんどん張ってきて、お風呂に入ったらミルク風呂になったんです！　たまってた分が一気に出たみたい。肩こりもよくなりました」

一時的なものではなく、その後も出過ぎるぐらい母乳が出るようになったそうで、「もうね、子どもが溺れそうなくらい出るんです」と、それは嬉しそうに笑っていました。

乳房へのアプローチなしで母乳が出た

私の治療院は隣が産婦人科だったご縁から、開業当初からずっと母乳トラブルのご相談を受けていました。

母乳マッサージで改善のお手伝いをしていましたが、乳房には一切触れていないのにこんなにも母乳が出るようになるとは、当時の私にとっては大きな発見でした。

ただ、「そんなまさか！」という思いはまったくなくて、「やっぱりそうだったのか」という納得感でいっぱいだったのです。

開業当時から「女性専門の治療院」として多くの女性の体を施術してきた私は、**「バスト」もその人の心や体の状態と密接に関わっている**ことを深く認識していたからです。

実年齢よりもバストが老けている⁉

母乳マッサージ、バストアップ鍼灸での施術と、あらゆる年代・状態の女性のバストに触れ、膨大なデータが集まるにつれて、バストと女性の心身の健康のつながりがはっきり見えてきました。

ストレス社会といわれる現代を反映して、**年齢よりも老けている「老けバスト」**の女性の多いこと！

その一方で、きれいで若々しいバストの女性もいて、そういう方はやっぱり心身ともにストレスフリーで元気です。

老けバスト、元気バストを決するのは、なにか？

それが**「自律神経」**です。

自律神経には「その人なり」のバランスがある

自律神経には「交感神経」と「副交感神経」の2つがあることは、皆さんご存じだと思います。交感神経は活発なときに、副交感神経はリラックスしたときに働き、適切に切り替わることで、体温や血圧のほか、代謝など、体の状態を調節しています。

交感神経は「がんばるぞ！」というときに働く神経ですが、交感神経をいつも優位にしていれば元気で活発でいられるかというと、そういうわけではありません。

また、交感神経と副交感神経の両方をどんどん高めていくのがいいかというと、それも違います。

東洋医学で重視するのは「バランス」です。交感神経・副交感神経の一方だけに偏らずバランスよく作用していること。若く健康な人であっても、一方だけが活発な状態が続くと、いずれ体調不良などのトラブルに発展します。

また、その人の年齢や体質とバランスがとれていることも大事。

年齢を重ねたのなら交感神経・副交感神経の働きも若い頃と同じというわけにはいきませんが、高齢者なら高齢者なりでよいのです。

自律神経を整えるとホルモンが正しく分泌される

自律神経と女性ホルモンは、深く関わっています。なぜかというと、自律神経も女性ホルモンも、脳の視床下部《ししょうかぶ》によってコントロールされているからです。

そのため、**自律神経と女性ホルモンは互いに影響し合っています。**

冒頭で肩こり治療をしたら母乳が出るようになった女性を紹介しましたが、「なぜ、肩こりを治したら母乳が出るの？」と思いますよね。そのメカニズムも自律神経と大いに関係があります。

自律神経は背骨の状態に強く影響を受けます。交感神経や副交感神経は首や背骨を通って各器官へ指令を送るので、首の骨・背骨の状態が悪いと、必然的に自律神経が乱れてしまうのです。

首の骨・背骨の状態が悪くなる。つまり可動域が不自然に狭くなるのは骨格的な問題のこともありますが、過度な疲労や緊張による筋肉のこわばりが原因のことも多く、その場合はこわばりをとることで首の骨や背骨の状態も改善されるのです。

冒頭の女性には、一般的な肩こりの施術として肩だけでなく背中にも鍼を打ちました。その結果、肩や背中の筋肉のこわばりがほぐれていきました。

それに伴って首の骨・背骨の状態が改善され、自律神経の乱れが整い、自律神経の乱れによって減っていたプロラクチン（母乳をつくるホルモン）やオキシトシン（母乳を放出するホルモン）が分泌され、母乳がそれこそ溢れるほど出るようになったと考えられます。

女性の自律神経のバランスは更年期に乱れる

自律神経のバランスを崩す大きな原因がストレスです。

仕事や家庭、過度な運動や寝不足など、「ストレス因子」や負荷はさまざまですが、ストレスを受けると自律神経のバランスが乱れ交感神経が優位になります。ストレスに対抗するため戦闘状態に入るわけです。

女性の場合は「更年期」というリスクも抱えています。**女性ホルモンが低下してホルモンバランスが崩れる更年期には、自律神経のバランスも大きく乱される**のです。

一定期間がくると脳は排卵するように卵巣に指令を出しますが、更年期は女性ホルモン不足で排卵ができません。すると、脳が排卵を急かして大騒ぎするため、自律神経が乱れてしまうのです。

さて、年齢が上がるにつれて交感神経と副交感神経のどちらが優位になりやすいと思いますか？

「年をとって丸くなった」という表現もあるので、リラックスの神経である副交感神経のほうが優位になりやすいのかと思ってしまいますよね。でも、実際には交感神経のほうが優位になる傾向があるのです。

交感神経が優位になりやすくなる年齢と、更年期の時期は重なります。

ただでさえ自律神経のバランスが崩れやすい年齢にさしかかったとき、更年期によるホルモンバランスの変化という一撃が加わると、ほてり、発汗、冷え、イライラ……といった更年期障害の症状が襲いかかってくるのです。

女性がストレス過多になる時代

更年期世代だけが自律神経のバランスを崩しやすいわけではありません。男性の時間軸で構成された社会で女性が暮らしていくということは、それだけで女性にかなりの負荷がかかります。

男性同様に仕事をこなしながら、女性の仕事とされている家事・育児も担い、子どもの教育問題や老親の介護など、正解やゴールが定かではない事柄にも同時進行で、ときにはワンオペで取り組まなければいけません。

蓄積されたストレスや疲労、それらが引き起こす自律神経の乱れ。その影響がはっきりと発現する場所があります。

それが「**バスト**」です。

ストレスが続くと乳腺が萎縮する

例えば、仕事が忙しすぎて食生活が乱れ睡眠不足が続いたとします。そのとき、体のなかではなにが起きているのでしょうか？

当然、自律神経が乱れます。常に緊張下にあるため交感神経ばかりが優位となるのです。

交感神経が優位の状態が続くと、**筋肉の収縮、女性ホルモンの分泌抑制**が引き起こされます。これらの影響によって**乳腺が萎縮**してしまい、結果的にバストが縮んでしまうのです。

バストの表面を覆う「皮膚」にも自律神経の乱れは影響を及ぼします。**血管が収縮して血流が悪くなると、肌の細胞が生まれ変わる「ターンオーバー」に遅れが出てしまう**のです。

細胞の入れ替えが進まないと、ハリと潤いのある健康的なお肌を保つことはできません。紫外線によるダメージも受けやすくなって、肌にハリを与えるコラーゲンやエラスチンまでもが破壊されてしまいます。

コラーゲンは体内で生成されますが、エラスチンは乳児期に生成されたきりで以後は生成されないといわれています。コラーゲンを束ねる役割を果たすエラスチンが減少していると、コラーゲンが再生されたところで美しい肌は保てません。

自律神経と女性ホルモンは互いに影響し合っている

自律神経と女性ホルモンの分泌は、ともに脳の視床下部でコントロールされていて、互いに影響し合っている。また、ストレスによりその働きが乱れやすい。ストレスや更年期などで女性ホルモンが乱れると、脳を通じて自律神経にも影響を与える。また、自律神経の働きが低下しているときは、脳の視床下部そのものの働きが低下していることが多く、そのような場合は女性ホルモンも影響を受けてしまう。

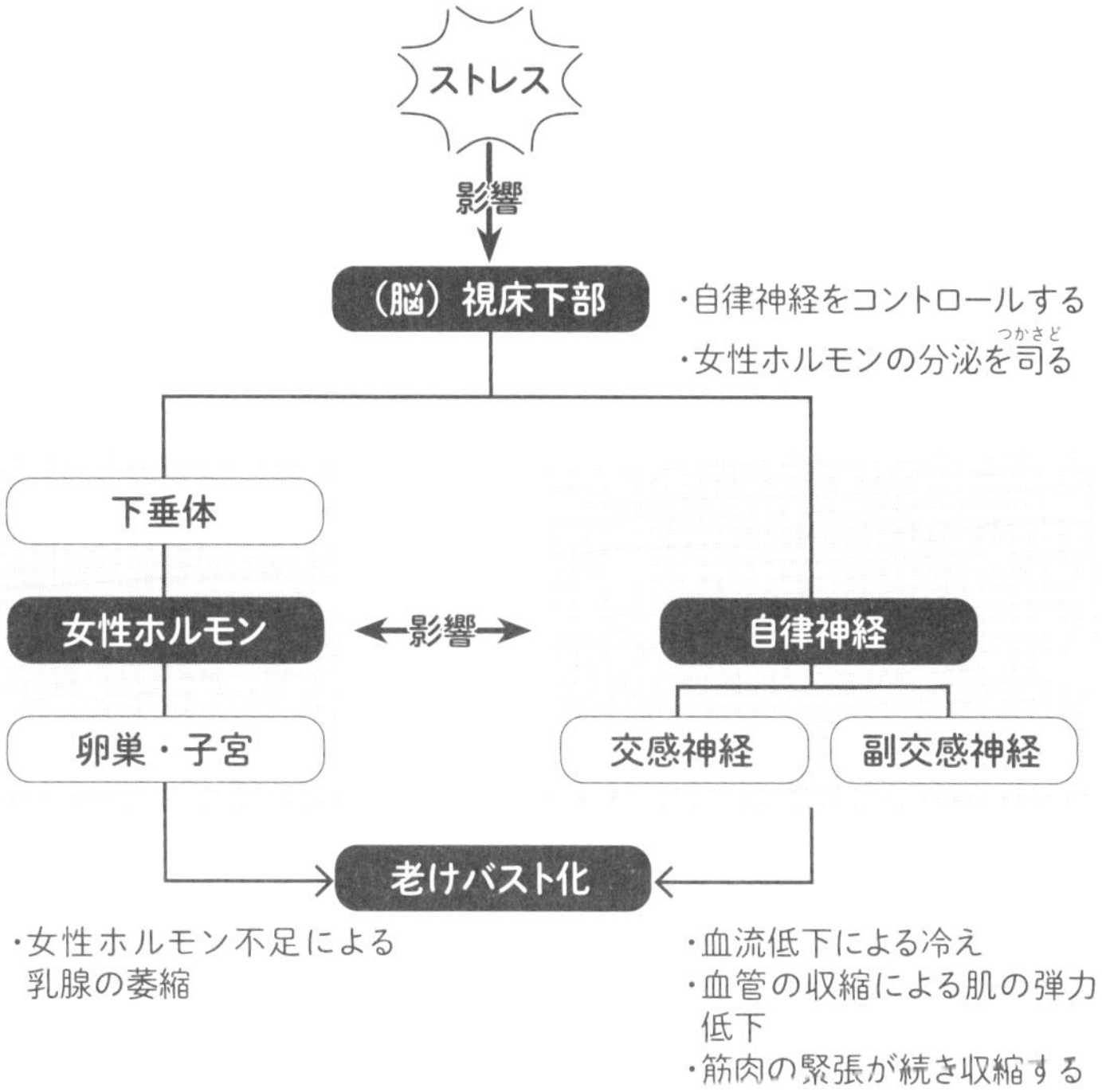

女性ホルモンの乱れ、自律神経の乱れは、
ともに「老けバスト」化を招く原因となる。

バストの膨らみで引っ張られた皮膚は、ほかの部分の皮膚に比べて薄くなっているため、ただでさえデリケートな状態にあります。ターンオーバーが正常に行われなくなると、**ハリや弾力が一気になくなりバストを支える力も失ってしまう**のです。

20代でも「老けバスト」になることがある

自律神経の乱れが引き金となり、バストにマイナスな出来事がドミノ倒し的に次々と発生した結果、残念な「老けバスト」の完成です。

「老けバスト」と命名しましたが、実は年齢とはあまり関係がありません。**「冷えて、かたく、縮んで、ゆがんでいる」**といった「老けバスト」の特徴をすべて備えた20代の女性も珍しくないのです。

女性を取り巻く環境、体のなかで起きるホルモンバランスの変化など、女性は自律神経が乱れるリスクをいくつも抱えています。

つまり、女性は誰しも何歳であっても「老けバスト」になるリスクがあるということ。とくに更年期に入ると「老けバスト」化が加速する傾向にあります。

バストは未病を「見える化」してくれる

「老けバスト」とは、我ながら容赦ないネーミングだと思います。

「老け」の響きだけでもつらいのに、それがさらに「バスト」にくっつくとかなりの破壊力ではないでしょうか。

「老けバスト」という単語に恐れおののくのは、「バスト」が女性にとって特別な存在だからです。いつまでも美しいバストでありたいと願うのは当然のことですから、逆ベクトルの「老けバスト」のインパクトはかなり大きいでしょう。

自分自身のバストの大きさや形など、女性なら意識したことがあるはずです。

では、あなたにとっての「バスト」とは？

女性性の象徴、授乳のための器官、女子力のアピール、乳がんリスクがある場所……。

年齢や暮らしによってバストの捉え方はいろいろだと思いますが、絶対的な真理として**「バストは健康のバロメーターである」**ということをぜひ知っておいてください。

私は長年、多くの女性のバストを見続けてきて、「バストには、そのときの体と心の状態があらわれる」と考えるようになりました。

それは健康診断などの数値にあらわれる以前、自律神経の乱れをはじめとした未病の段階も含まれます。バストはこうした未病を「見える化」してくれるのです。

仕事、子育て、家庭など、40代からは忙しい毎日を送る人が多いでしょう。そのような人は、心身が疲弊しきらないと不調に気づくことができず、体が動かなくなってからでないと休みません。

そんなとき、いち早く危険信号を灯してくれるのがバストなのです。

バストは生命力の象徴

バストのほか子宮や卵巣といった生殖に関わる臓器は、その人の生命力に直結していますから病気の前兆があらわれやすいところです。

心身に不調が発生すると、バストがかたくなる、生理や排卵が止まるといった症状で異変を知らせます。不調が病気へと進んで命に関わる重大事になる前に、対処を促すのです。

「老けバスト」もサインの1つ。

バストに変化があらわれることで、忙しさのなかであなた自身が気づいていない心身の不調を訴え、「生活習慣を変えて」と求めているのです。

子宮や卵巣と違ってバストは自分で見てさわることができます。

また、ウエストやヒップはそれほど頻繁《ひんぱん》に計測することはないでしょうが、**バストなら毎日「ブラジャー」を着けることでサイズの変化にすぐ気がつきます。**

つまり、体と心の状態を「見える化」してくれるバストは、健康チェックにも役立つということです。

次章では「老けバスト」の8タイプを紹介しています。でも、ご自分が該当しているからといってガッカリしないでください。

あなたのバストは、あなたの心身の状態を教えてくれるありがたい存在です。それに「老けバスト」は改善できますから、落胆する必要などまったくないのです。

「老けバスト」改善で2カップアップ、更年期の症状も消えた！

毎日、メイクをしなくても朝の洗顔で鏡は見ますよね。

外出前にはアクセサリーや服が決まっているか鏡で全身をチェックすると思います。

街中でショーウィンドウに自分が映れば、姿勢や髪の乱れなど瞬時に確認するでしょう。

では、バストはどうでしょうか？

あなたはお風呂のとき、剥《む》き身のバストを鏡でしっかり見ていますか？

女性の18〜19歳から40代前半を「成熟期」といいます。

妊娠・出産に備えて女性ホルモンが安定し肉体的にはもっとも美しい時期ですから、入浴のたびに鏡の前に立って、いろいろな角度で自分の「裸」を見るものです。

ふっくらしたバスト、くびれたウエスト、キュッと上がったヒップ。見て「楽しい」から見るのです。

成熟期を過ぎて「更年期」（40代中盤～50代中盤）に入ると、女性ホルモンが一気に減ることから思春期並みに心身の状態が不安定になります。

仕事や家庭もやることは山積み状態で自分のことに構っていられない毎日では、お風呂で自分の体を鏡に映してゆっくり見る心の余裕はないでしょう。

それでも、「見て楽しい」なら見るのでしょうが、この時期の体の変化はなかなか辛辣《しんらつ》です。

代謝が落ちているため、若い頃の調子で食べるとすぐに太ってしまい、妊娠・出産経験があると体のラインも崩れているでしょう。自分の裸を見たところで「はあ～」と落ち込むだけ。

「鏡で裸を見なくなった」のなら、あなたの「老けバスト」化は進んでいるといっていいでしょう。

なにを隠そう、私自身がそうだったからです。

改めて、鏡に映ったバストを見て気づいたこと

更年期真っ只中のある日、お風呂上がりに鏡に映った自分のバストに目がとまりま

した。

「なんて情けないバストになってしまったの……」

お風呂上がりだというのにデコルテからバストの肌につややかさはありません。その肌の下のバストは、下がって、広がって、乳輪は楕円形。

当時は仕事と家庭の忙しさのピークと更年期が見事に重なって日々忙殺され、体も心もヘトヘトでした。鏡に映った覇気《はき》のないくたびれたバストは、そんな自分そのものではないですか。

「ああ、年をとったなあ……」

アンダーヘアに白いモノを見つけたようなショックといえば伝わるでしょうか。

実は、私は自分のバストにそれほど関心がありませんでした。どちらかといえば小さいほうだけど、２人の子どもを育てるのに十分な母乳が出た、機能的に問題がない、それならいいだろうと。

そんな私が自分のバストをセルフケアしようと思ったのは、「老けバスト」そのものの自分のバストをまじまじと見た理由にありました。左の胸に痛みがあったのです。念のため自分で乳がんチェックをしてから病院に行きましたが、原因は不明。

そこから、元来凝《こ》り性で検証好きでもある私の実験がスタートしました。施術によるバストアップ効果は多くの女性を見て実感していましたが、バストアップがもたらす「心の変化」も、自分で確認してみようと思ったのです。

バストが復活したら本当の自分を出せるように

セルフケアから1カ月後に、胸の痛みは消えました。それから数カ月後、私のバストサイズは2カップアップ！　バストアップと足並みを揃えて更年期のつらい症状もだいぶ軽くなっていました。

「老けバスト」から脱却してみると、心にも想像以上に大きな変化が起こりました。

関心がなかったはずなのに、にわかに存在感を増したバストはやっぱりいいもので、ボディラインが出る服を選ぶようになったのです。バストアップすると体にメリハリが出るので、ちょっとフィットする服を着ると全体にスッキリとやせて見える効果があります。

その一方で、髪はバッサリとショートへ。男っぽい性格の私は、見た目を女性らしくすることで相手の印象をやわらげようと髪を長めにしていました。私の気持ちにフィットするスタイルよりも、「人目」のほうを優先していたのです。

でも、バストという究極の「女性らしさ」を得たことで、素直に「自分らしさ」を出せるようになりました。

こうした心の変化がどうして起きたのか？　やはり、バストが自律神経と密接に関わっていることにあるのだと結論づけました。

バストを丁寧にケアするうちに自律神経も整っていき、心身の状態が安定。更年期も落ち着き、おしゃれを楽しむ余裕が生まれ、本来の自分自身を臆《おく》することなく表現できるようになって、心にハリが戻ってきたのです。

自分自身のバストでしっかりと確認できました。

――**バストケアはバストも気分も上げる**、と。

「バストにいいこと」をすると、体も心も健康になる

私の治療院では、バストアップ鍼灸、バストアップマッサージのほか、ときにはご

自宅でできるストレッチもプラスして、バストケアを進めていきます。

皆さんが「バストケア」でイメージするのは、母乳の出をよくする、サイズアップする、形を整える、乳輪や乳頭の色素沈着の改善——といったことだと思います。

私が行うバストケアは、もちろんこれらのこともカバーしますが、その先に「心身の健康」があります。「バストだけに作用するバストケア」ではないのです。

美容とは最強の予防医学。これは私の信念です。

「予防医学」とは病気にかからないよう対策を講じていくことですが、健やかな心身という土台がなければ「美」は達成できません。「美容」のために行うことは、すべて健康に還元されるのです。バストケアのプロセスと結果は、そのことをよく表してくれます。

バストが美しくなると、自律神経の状態が整い、結果的に全身の健康状態も向上していくのです。

自律神経が乱れると筋肉が縮む

自律神経とは「生命を維持するために24時間稼働しているシステム」。一日中フル稼働ですからさぞタフなのだろうと思ってしまいますが、外からの刺激に実に敏感に反応します。

患者さんの悩みは腰痛、生理痛、肩こりとさまざまですが、定期的に通ってくださるうちに、その方の体のリズムがわかってきます。

女性は生理前後や排卵期には女性ホルモンの変化があり、時期によって筋肉がキュッと縮むような感じがあります。

そこで女性ホルモンについて学び、その働きやふるまいに沿うような治療をしていたのですが、どうも女性ホルモンだけでは説明がつかないことも出てきました。生理周期に関係なく筋肉が縮んでいることがあるのです。それも強く。

縮んだ筋肉に会うたび、患者さんご本人に確認しました。

——なにかあった?

「うーん、体調は別に……。ただ、昨日、彼氏とケンカしちゃった」

「あー、残業が続いているんですよ」

「親と折り合いが悪くて実家を出ようか迷ってて」

さてはメンタルの問題で筋肉が縮むのかと、今度は心理学を猛勉強です。

こうして鍼灸治療のための周辺知識として必要と思われる女性ホルモンや心理学を学びながら、臨床で確認作業を繰り返すうちに、「自律神経」が女性の体に与える影響の大きさを深く理解していきました。

自律神経が先か？　バストが先か？

1万人もの女性たちにメンタルケアを中心にした施術を行い、変化を観察した結果、バストケアの施術をすると自律神経が整うことがはっきりわかりました。

バストケアの施術を続けるうちに、

- 起き上がれないほどきつい生理痛が消えた方
- 吐き気が出るほどのめまいや肩こりが治った方
- 夜間頻尿《ひんにょう》がなくなりぐっすり眠れるようになった方
- 降圧薬の服用直前だったのに血圧が安定した方

などなど、バストケアの施術で美しいバストに近づくにつれ、体もまた健康になっていったのです。

そして、自律神経を整えると、バストもはっきり反応するのです。

肩こり治療で肩や背中の筋肉をほぐすと自律神経が整い、止まっていた母乳が出たりバストアップしたりと、バストの状態がよい方向に変わっていきます。

鶏が先か卵が先かというよりも**「バスト＝自律神経」である、2つはつながっている**のだと、治療院に来てくれた女性たちの体が証明してくれたのでした。

バストが変われば、運命が変わる

バストケアを始めてからバストの形が整い、3カ月でカップがDからFに上がった女性が、ある日の施術のあとに恥ずかしそうに言いました。

「先生、バストが大きくなってから男性に優しくされることが増えたんです」

「へー、例えば？」

「自動販売機でジュースを買おうとしたら、10円足りなくてモタモタしちゃったんです。そしたら、後ろに並んでた男の人が『いくら足りないの？　10円？　どうぞ』って、出してくれたの！」

「え、見ず知らずの人が？」
「そう。この前なんか電車の網棚に荷物を上げようとしたら、スッと男性が手伝ってくれたんです。1回だけならまぐれと思うでしょ？ 3回もあったんですよ」

ある女性は長らく「2番目の女」に甘んじていました。

彼に本命の彼女がいても、彼の部屋に呼んでもらえなくても、デートの遅刻やドタキャンが当たり前でも、「彼が好きだからいいの」と、我慢を続けていたのです。

報われない相手ですが、それでも彼と会うときはきれいでいたいからと、デートの前日か当日にバストケアに来ていました。コンスタントに施術していたのでカップはCからDへとアップ。ふっくらと美しい形になりました。

ある日のデートのときいつも通り彼が遅刻して、待っている最中に彼女はナンパされたそうです。

ナンパは断ったものの、そのときにフッと気持ちが変わって、いつもなら2時間は彼を待つのに約束の時間を15分過ぎたところで、なんの未練もなくその場を離れました。

彼女の変化に彼は大慌てです。すぐさま「あの女とは別れた。おまえを1番にする」と宣言されました。でも、驚くのはここからで、彼女はしばらくして彼を振ってしまったのです。

「本命になってから本当に彼は優しくなって、遅刻もしないし迎えにも来てくれて、とても大事にしてくれたんです。でも、なんか悲しくなっちゃって。2番目だったときの自分がかわいそうだなって」

「2番目の女」とは正反対の「女王様タイプ」の女性もいました。

彼は女王様タイプのこの女性にぞっこんで、治療院まで彼女を車で送ってきて施術が終わるまで待ち、自宅へと毎回送ってあげていたのです。

そんな至れり尽くせりの彼に対して、女性は細かい愚痴ばかり並べます。それらは要約すると「3年も付き合っているのになんでプロポーズしないのよ！」となるわけですが、施術中もずっと彼への不満ばかりしゃべり続ける彼女に、私もついつい説教めいたことを語ってしまったこともありました。

すると、彼女はよけいに頑《かたく》なになります。態度はもちろん、胸がかたく、呼吸も浅くなるのです。

これは彼も大変だなと思っていましたが、何回目かの施術で女性の胸がフワッとやわらかくなったのがわかりました。

経験的に、施術により胸のやわらかさが戻った女性は、穏やかで素直な面があらわれてきます。女性の呼吸がいつもより深くゆっくりになっているのを確認して、彼への向き合い方も変わっていくといいなと思っていました。

すると、まさにその日。

施術が終わって待っていてくれた彼の車に乗った彼女は、「いつもありがとう」と自然と感謝の言葉を口にし、その後に入った店では「おいしいね」と料理を素直に喜び、穏やかに時間を過ごしたそうです。

自宅の前まで送ってもらったとき「ご飯もとってもおいしかったし、楽しかった。じゃあ、おやすみ」と車を降りようとした女性の腕をガッシとつかんだ彼はひと言。

「結婚しよう」

待ち望んだ言葉に女性は涙が止まらなかったそうです。

バストは女性の象徴的な存在ですが、好転するのは異性関係だけではありません。

バストにやわらかさが戻ってくるとストレスでガチガチだった肩もほぐれ、自律神経が整ってストレス耐性がアップしたのでしょう。苦しめられてきたパワハラ上司の前でも、おどおどせず堂々と振る舞えるようになった女性もいました。

思春期の頃から過干渉だった母親に対して、大らかに接する余裕が生まれた女性もいます。

お子さんに「ママ、よく笑うようになったね」と抱きつかれて、「バストケアしてよかった」と子どもへの愛情を再認識した女性もいます。

バストが変わることで自信が生まれるのかもしれません。

バストが好きになると自分のことも肯定的に見られるようになるのかもしれません。

1つ言えるのは、**きちんとしたケアで「バストは変わる」**ということ。

そして「バストの変化」という一石は、あなたの内面にも、まわりの人にも、確実にプラスの波及効果をもたらしてくれるのです。

コラム 東洋医学的に見た「自律神経」の正体

東洋医学では人間の体を構成する要素として「氣《き》・血《けつ》・水《すい》」があると考えています。この3つが互いにバランスをとりながら滞りなく循環していれば、人は健康でいられるとしています。

人体を皮膚、筋肉、骨、内臓と細分化し、ときには細胞レベルでの診察も当たり前の西洋医学とは発想が大きく違います。

東洋医学の「ふわっ」とした概念、線引きの曖昧《あいまい》さは、西洋医学や現代の合理的な考えとはかけ離れています。実際のところ、患者さんの多くも西洋医学的な説明のほうが、はっきりとイメージしやすいようです。

実は私は東洋医学の「ざっくり感」に馴染めないところがありました。

西洋医学は人体の仕組みや病気の理屈について実に緻密《ちみつ》です。

西洋医学のほうが優れているということではなく、気になることは徹底して追究するタイプの私には、西洋医学の一見複雑な定義も、1つ1つ紐解いていけば明快に感じられるのでした。

資料を読みあさって西洋医学的な知識を蓄えながら、臨床で東洋医学の手法を実践し、患者さんの変化を観察する。こうしたことを繰り返していくうちに、私のなかで東洋医学と西洋医学の世界観がパチッと交わる瞬間が訪れました。

正木流「氣・血・水」の解釈

これから説明する「氣・血・水」の定義は、西洋医学的な解釈も含めた私流のものとご理解ください。

「氣」は「血」と「水」の両方に大きく関わってくるので、「血」と「水」からお話ししましょう。

東洋医学的には、「血＝血液」ではなく、血液と血管のことを指します。

私個人としては、「氣・血・水」の「血」は「血液のようなもの」と考えています。もう少し細かく分けると「栄養と血管」となります。

人体の細胞はすべて血液が運ぶ栄養によって活動をしています。血液から栄養

体を整える「氣・血・水」のバランス

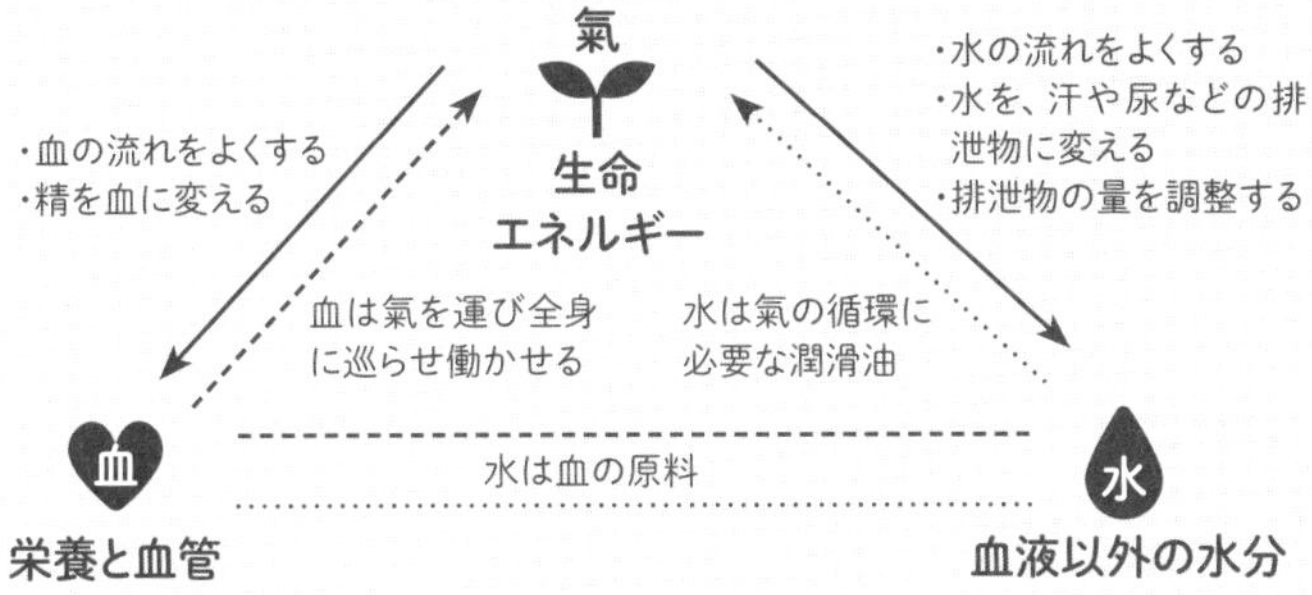

東洋医学でいう「氣」は、自律神経のようなもの。「血」は血液のようなもの。「水」は血液以外の液体で、水分やホルモンなどにあたる。

を受け取り、代わりに老廃物を渡すことで細胞は元気に活動ができるわけです。

例えば、母乳は乳房の毛細血管に取り込まれた血液からつくられたものです。こうしたことから、「血＝栄養と血管」とまとめることができます。

では、「水」はどうでしょうか？

こちらも「血液以外の液体」という大《おお》雑《ざっ》把《ぱ》な捉え方が、東洋医学の考え方・治療の進め方に近いと感じています。

人体の約6割は水分といわれるほど人間の体はたっぷりの「水」を含んでいます。リンパ液、胃液、涙、汗と「水」の種類はさまざまですが、「血液以外の水分」と考えるとしっくりきます。

「血」と「水」の両方をコントロールしているのが「氣」です。

「氣」とはつまりエネルギーのこと。先ほど「母乳は血液からつくられる」と書きましたが、血液から母乳へと変化できるのは「氣」の力によります。

「氣」のなかが「メ」ではなく「米」になっているのは、エネルギーが米などの食物から取り入れられることに由来します。

食から得る「氣＝エネルギー」は後天的なものですが、先天的に持っている「気」もあり、これを私は「電気」にたとえたりします。筋電図、心電図などがそれで、神秘的に思える「氣」ですが、現代は目で見ることができるわけです。

「血」「水」の流れをコントロールしている「氣」は、内臓、代謝、体温などの身体機能を常に調整している自律神経と働きが似ています。

「氣」を西洋医学の用語であらわすとしたら「自律神経」が一番近いでしょう。

完全に同じ働きではありませんが、便宜上「氣＝自律神経」として説明することはよくあります。

「氣の働きが低下して、血や水の流れが滞って……」と説明して「氣って？」と返されると、理解していただくためには「氣には先天的なものと後天的なものがあってね、血と水がね……」と、限られた時間のなかで長々説明しなくてはいけません。でも、「自律神経の働きが乱れているね」というとひと言で納得していただけるからです。

「血」も「水」も「氣」によってコントロールされますが、とくにつながりが深いのが「血」と「氣」のペア。

片方が上がるともう片方も上がり、片方が乱れるともう片方も乱れる。「血と氣は仲良し、一緒に体を巡っている」のです。

「氣」と自律神経の共通点は「バランス」

「氣」と「血」が仲良しだからといって、「水」は無関係というわけではなく、「水」は「氣」の巡りがよくなるように作用しています。「氣・血・水」は1つでも状態が悪くなると、残りの2つも確実に働きが低下するのです。

ただ、東洋医学で大事にしているのは「レベル」ではなく「バランス」です。「氣・血・水」を高水準でキープするのではなく、3つのバランスがとれていること。高ければいいということでもなく、年をとればそれなりのレベルでこぢんまり落ち着いていても、バランスさえとれていればよいのです。

バランスが大事という点は、自律神経もまったく同じです。交感神経と副交感神経がとにかく活発であればいいというわけではなく、2つの切替がスムーズであること、年齢との釣り合いがとれていることなど、「バランスがよい」ことが健全であることの証です。

第2章

「老けバスト」が若返る！
1分メソッド

姿勢、表情筋、行動はバストの状態を物語る

私はカウンセリングの時間を非常に大事にしています。

症状を伺うのはもちろんですが、顔色や姿勢、お話しするときの表情筋の動き、顔や首のシワの入り方、噛みしめの有無や呼吸のスピードなど、できうる限り情報を集めます。外見から得られるこうした情報は、ご本人が言葉で語るよりも雄弁に、体や心の状態を知らせてくれます。

その方のことを深く知るために、初診で記入をしていただく問診票にもちょっとした細工をしています。質問と回答欄を少し離しているのです。

すると、欄がずれたり、質問そのものをうっかり飛ばしてしまう方もいらっしゃいます。

「うっかり」をしがちなのが、呼吸が浅く噛みしめがクセになっている交感神経優位型の人。いつも緊張しているタイプです。

その一方で、呼吸はゆったり、行動はマイペースな副交感神経優位型のタイプも同じようなうっかりをする傾向があります。

交感神経優位型はあせって、副交感神経優位型は注意散漫で「うっかり」してしまうのでしょう。まったく正反対のタイプが、同じような「うっかり」をするのは興味深いところです。

初見の印象をカウンセリングで再確認

施術に入る前のカウンセリングで集めた情報から、その方のバストの状態がほぼ把握できます。

いいえ、ときには治療院に入ってきた瞬間に、その方のバストの形、ハリややわらかさなど、手に取るようにわかってしまうこともあるのです。

そのようなときのカウンセリングは、「答え合わせ」と「すり合わせ」。

初見で抱いた印象と、ご本人の認識との差異を確認しつつ、ギャップを埋めていく作業となります。

「過去」はバストにも影響を与える

一般的に、バストの大きさは遺伝が占める割合が高いといわれています。それは、遺伝によって乳腺の本数がある程度決まるからでしょう。ただ、遺伝的に乳腺の本数が多いからといって、その人のバストが豊かになるかというと、そうとは限りません。

バストは9歳から18～19歳の思春期にかけて成長します。**この時期に十分な栄養がとれなかったり、心理的に大きなストレスを受けると、乳腺が成長できないためバストは大きくなりません。**

乳腺が発達しきれていないバストにもいろいろな原因があって、全体的に華奢《きゃしゃ》な方は思春期のときに家庭や学校でつらい経験があったタイプ。

思春期は友人関係も難しい時期です。また、家庭によっては緊張を強いられる環境のこともあります。心の傷を「トラウマ」といいますが、乳腺を収縮させバストの成長を阻害させることを鑑《かんが》みると、思春期のトラウマは心だけでなくバストにも、思春期以降もずっと刻み込まれるといっていいでしょう。

寝る子のバストは育つ

思春期に受ける身体的ストレスもバストの成長を阻害します。なかでも軽視してはいけないのが**「睡眠不足」**です。

今や中学受験も珍しくありませんが、中学・高校・大学受験と、受験のために睡眠時間を削っているとバストの成長を妨げます。さらに問題なのはゲームやＳＮＳに耽《ふけ》ったあげくの寝不足です。脳を休めるべき時間帯なのに逆に興奮させると、自律神経も激しく乱れてしまいます。

睡眠は心身の疲れを癒やすほか、成長期の子どもにとっては体の発達を促す大事な時間です。成長ホルモンは睡眠時に分泌されるので、思春期に睡眠不足が当たり前の生活を送っていると体格（身長）もバストも成長しきれないのです。

ただ、家でも家庭でもストレスなく楽しく過ごしていたのに、乳腺の成長は未熟という方もいます。そういう方は激しくスポーツをしていることがほとんどです。

部活でずっと吹奏楽をやっていた方も、乳腺が成長できない傾向があるように思います。

筋肉や骨格の感じでスポーツ経験者とわかりますから「どんなスポーツをしていたんですか？」と聞くと「えー、スポーツはしていません」と答える方がちらほら。

おかしいなと思って探ってみると「吹奏楽部でした」。骨は伸びているのですが、骨の成長に追いついていないバストをしています。

バストの大きさには、どのような思春期を過ごしたかがはっきりとあらわれるのです。

バストは老化のバロメーター

「老けバストチェック」の前に、「本当の老化ってなに？」ということをちょっとお話ししておきましょう。

年齢を重ねれば誰しも老化しますが、そのスピードには個人差があります。

老化を示す指標の1つが動脈硬化の進行具合をあらわす「血管年齢」でしょう。

血管は本来ならしなやかで弾力があるものです。しかし、血管内部にコレステロールが付着していくと柔軟性が失われてかたくなり、「動脈硬化」となるのです。

動脈硬化が進むと、がん、心臓病、脳卒中といった、いわゆる生活習慣病の原因となってしまいますから、血管年齢が老けているほど病気リスクが上がるといえます。

動脈のかたさを測定するCAVI《キャビィ》検査、足の動脈の詰まりを調べるABI《エービーアイ》検査などで血管年齢を調べることができますが、いずれも専門の病院に行く必要があります。

老化はバストにあらわれる

実は、大げさなことをしなくても、女性の老化は特有の部位の状態を観察することですぐにわかります。その1つがバストです。

バストは女性の心身の健康状態とつながっていると、第1章で説明しました。**「バストの状態＝バスト年齢」は、あなたの体の状態を如実に示してくれる**といえます。

しかも、「バスト年齢」は「血管年齢」と違って、自分でさわって、見て、知ることができるのです。

乳がんのセルフチェックで、バストのしこり、変形、くぼみなどがないか入浴時に調べるのが習慣という方もいるでしょうが、ぜひ「バストそのもの」を見てください。縮んでいないか、広がっていないか、離れていないか。バストはあなたの健康状態をいち早く教えてくれるのです。

「バスト年齢」が老けていないかチェック！

バストをさわってみてください。「老けバスト」の対極にある「元気バスト」とは次のようなバストです。

□ふわふわ
□プルプル
□つるつる

バストの下に手を添えて軽く握ったとき、ふわふわとやわらかな感触が指に伝わってきて、人差し指と中指でバストをチョイチョイと動かすとプルプル揺れ、そんなバストを覆う皮膚はなめらかでつるつる。

また、鎖骨からバストのふくらみに至るデコルテ部分が、なだらかな盛り上がりを見せていることも大事です。

こうした条件を満たしていないようなら、バスト年齢は老け気味です。

あなたのバストはどのような状態でしょうか？

次の「『老けバスト』チェックリスト」で該当する数が多いものが、あなたのバストタイプになります。

1つではなく、複数のタイプに該当してしまうことは珍しくありません。そのときは「ものすごく老けてるってこと？」とガッカリするのではなく、暮らしを見直すタイミングが来たと前向きにとらえてください。

生活を改善し、これから紹介する「1分メソッド」（98ページ〜）を楽しみながら続けていけば、バストの状態は必ず改善されていきます。

「老けバスト」チェックリスト

以下の項目のなかで該当するものをチェックしてください。

①「離れバスト」タイプ

- バストの間（胸の谷間）が人差し指1本以上空いている □
- ブラをすると、中央部分にワイヤーがあたって痛い □
- 胸が反った姿勢をしている。または腰痛持ちである □
- スマホ、パソコンを使うときなどに眉間にシワが寄っている □
- 睡眠中に噛みしめがある □

②「下がりバスト」タイプ

- 乳頭の位置が、肩と肘の中間よりも下にある □
- デコルテがやせていて、骨が出ている □
- 猫背である □
- 胸が大きい（Eカップ以上。40歳以上の人ならCカップ以上） □
- 授乳経験がある □

③「広がりバスト」タイプ

- 実際のブラのサイズより、バストが小さく見える □
- ブラを外すと、胸の高さがなくなる（横に広がる） □
- 背中のコリが気になる □
- 乾燥肌である □
- 性格的におっとりしている □

④「縮みバスト」タイプ

- 以前よりもブラジャーのサイズが小さくなった □
- 胸のやわらかさがなく、かたい □
- 耳たぶやふくらはぎが人よりもかたい □
- 冷え性。または肩こりがひどい □
- 胃腸が弱い □

1個チェックがつけば黄色信号、2個以上で赤信号です。
（複数のタイプが当てはまることもあります）

⑤「たるみバスト」タイプ

- もち肌で、皮膚が伸びやすい □
- 胸の大きさの割に重量がない □
- 左右の鎖骨の間が狭い（間に指2本分入らない） □
- 胸はたるんでいるが、乳頭は前を向いている □
- ノーブラ、またはブラトップを常用している □

⑥「ゆがみバスト」タイプ

- バストの形やバランスが崩れて変形している □
- ブラを外すと、肩やアンダーバストに跡がくっきりついている □
- 「寄せて上げるブラ」や補正下着を使っていたことがある □
- 左右の肩のこり具合が異なる □
- 乳頭の色が黒ずんでいる（色素沈着がある） □

⑦「未成熟バスト」タイプ

- 胸のふくらみがほとんどない □
- 思春期に過度のストレスを感じることがあった（睡眠不足も含む） □
- 中学・高校生時代、運動部または吹奏楽部に入っていた □
- 親姉妹もバストが小さい □
- やせていて、食べても太れない □

⑧「血流不足バスト」タイプ

- バストにハリがない □
- 末端冷え性である □
- バストを触ると冷たい □
- 現在、ストレスを抱えている □
- 食べるとお腹や脚に脂肪がつくが、胸にはつかない □

「老けバスト」には8つのタイプがある

体質、性格、年齢、取り巻く環境、生活習慣は、人の数だけあります。それらがすべてバストの老化に影響を与えるので、バストもいろいろな老け方をします。だから「老けバスト」にはさまざまなタイプがあるわけです。

現象には必ず理由があります。「老けバスト」は、あなたの日々の暮らしや心持ちがあらわれた結果なのです。

なぜ老けバストになるのか、8タイプ別に説明していますが、どうぞご自分が該当したタイプ以外にも目を通してみてください。あなたが意識していない「バストによくない習慣」が、こんなにもあると気づいてほしいのです。

いずれのタイプも自律神経が乱れていることは同じですが、さらに「交感神経優位タイプ」と「副交感神経優位タイプ」とに分かれます。

心身の健康状態を司るのは自律神経。その自律神経とバストはしっかり結びついています。バストの状態から自律神経のバランスの乱れを知ることができるのです。

「老けバスト」タイプ

① 離れバスト（交感神経優位）

チェックリストの項目にあったように、バストの間（胸の谷間）の空きは「人差し指1本」が理想。人差し指、中指、薬指と、指が2本も3本も入ってしまうようなら「離れバスト」確定です。

乳頭の位置で「離れバスト」を調べることもできます。

体を正面に向けて写真を撮って線を引いてみましょう。

両脇の下から垂直線を引き、体の中心にも1本線を引きます。次に、脇の線、中心線の真ん中にもう1本線を引いてください。つまり、体を縦に4分割する線を引くわけです。

最後に引いた線上に乳頭があるのが理想です。線上よりも体の外側に向いていたら「離れバスト」といえます。

バストが離れてしまう理由は、**体の緊張から筋肉がかたくなっている**ため。なぜ筋肉がかたくなるのか？　それは「がんばりすぎ」だから。

「離れバスト」は別名「がんばりバスト」。

一生懸命な様子をあらわすときに、「肩肘張って」「歯を食いしばって」といいますが、「離れバスト」の人は年中その状態。肩こりや顎関節症に悩まされていることもあります。寝ている最中にも歯を食いしばるのですから、常に緊張状態が続いているのです。

ブラジャーのワイヤーが痛いのは、骨盤が前に倒れて反り腰になってしまい、それにつられて胸を張ってしまうから。胸をあまり張りすぎると肋骨が開いてしまい、肋骨や左右の肋骨の間にある胸骨にワイヤーがあたるようになるのです。

さて、バストアップ鍼灸をご希望の女性には、「バストを大きくしたい」「授乳前のハリのあるバストに戻りたい」と、なりたいバスト像があります。当然ながらご自分のバストに関心があり、日頃からよくご覧になっています。

でも、だからといってご自分のバストの状態を正確に理解しているかというと、必ずしもそうではありません。

バストの構造

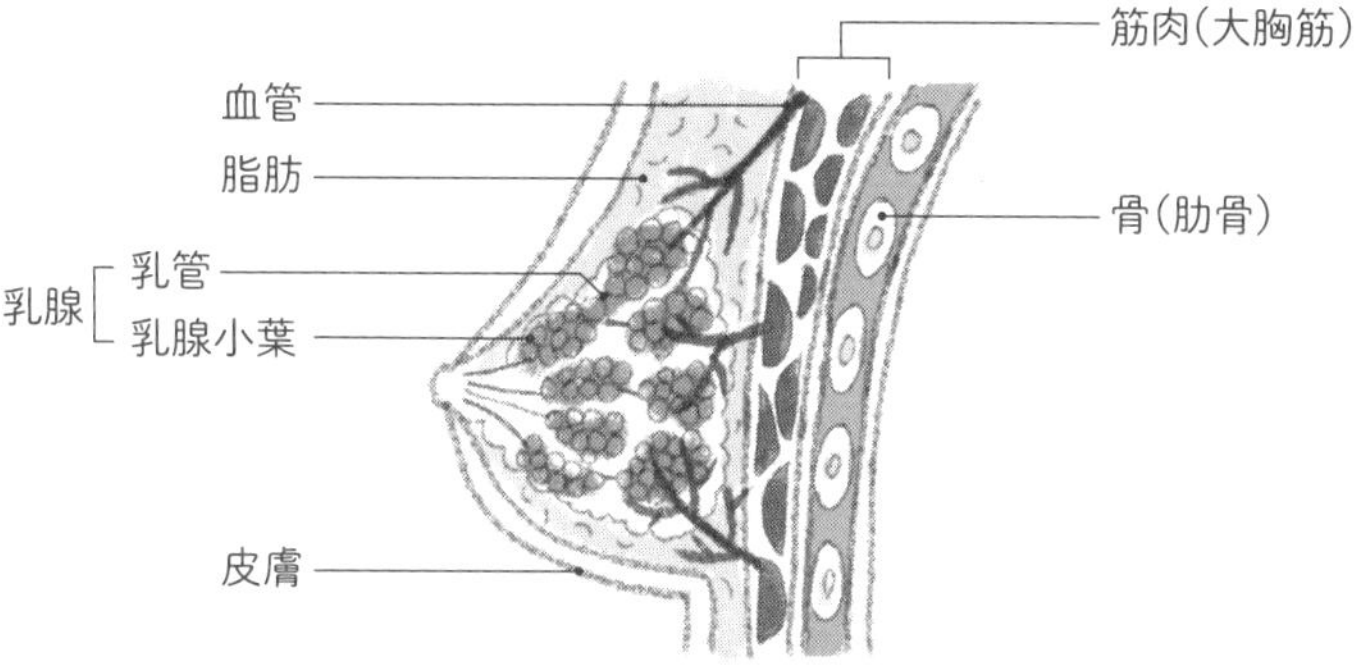

バストは、乳腺のまわりを脂肪が覆うようにして形づくられている。乳腺や脂肪には、血管から栄養や酸素が供給されている。

バストは肋骨と筋肉の上に乗っている

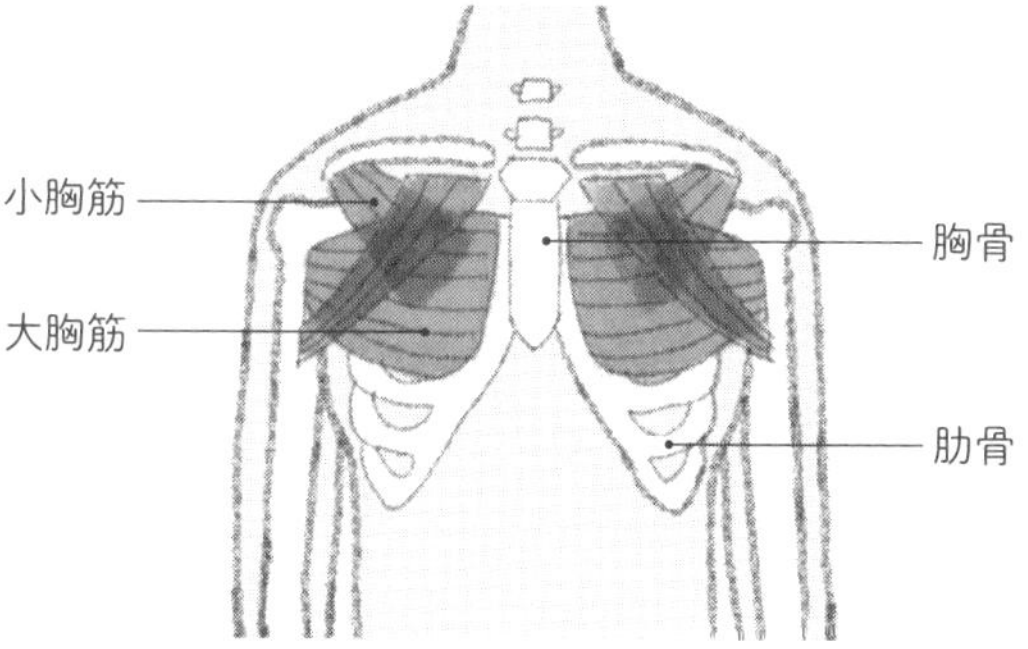

バストは肋骨と筋肉（大胸筋）の上に載っている。そのため、骨格のゆがみや筋肉の状態は、バストの状態にも大きく影響する。

「離れバスト」の方の約8割は、「バストが離れている」ことに無自覚なのです。「老けバスト」のなかでももっとも多いタイプなので、読者の皆さんもほとんどの方が「離れバスト」の項目にいくつか該当したのではないでしょうか。

ほかのタイプとの複合型になっていることが多いのも「離れバスト」の傾向といえます。例えば「離れ下がりバスト」とか「離れ広がりバスト」といった具合です。バストの悩みでもっとも多い「小さい」は、実は「離れバスト」が原因のこともよくあります。

離れているために平たく見えるだけで、乳頭が正面を向いて胸の間が狭くなると、胸の高さが復活してきれいな谷間もできるようになります。

「離れバスト」へのワンポイントアドバイス

眉間のシワや噛みしめは体が緊張している証拠。緊張に気づいたら大きくゆっくり深呼吸を。

「老けバスト」タイプ

② 下がりバスト（交感神経優位）

肋骨を覆うように広がる大胸筋の上にバストは乗っています。バストの中身は乳腺や脂肪組織。肋骨や大胸筋とバストをつなぐクーパー靭帯《じんたい》、バストを覆う皮膚によって、バストは位置をキープできています。

授乳期のバストは人生最大になっていますが、卒乳すると元のサイズに戻ります。クーパー靭帯は授乳期の大きく重いバストを支えるうちに伸びきってしまって、サイズが戻ったときにはキープ力が低下してしまいます。

授乳経験がある方、バストが大きい方は、クーパー靭帯や皮膚が伸びてしまうため、バストが下がってしまうのです。

クーパー靭帯はおもにコラーゲンで構成されている結合組織で、バストのなかに網のように広がって乳腺や脂肪組織を支えています。コラーゲンの生成は線《せん》維《い》芽《が》細胞を刺激すれば促すこともできますが、これはバストアップ鍼灸によるアプローチ。ご自身できる「下がりバスト」ケアは、乾燥した皮膚の保湿です。

そして、しっかりバストを支えてくれるブラジャーを着用すること。ブラジャー選びは第3章で詳しく説明しますので、ぜひ参考にしてください。

さて、**「下がりバスト」になってしまうのは、性格的な影響も多大にあります。**のちほど触れますが、いつもネガティブで自信がない「私なんか女子」のバストは下がっています。自己肯定感が低いと比例してバストも下がっていくのです。

そういう女性とは、ケアの前にじっくりと話をします。

「どんな胸になりたいの？　どんな自分になりたいの？　胸はあなたの姿なんだよ」

バストをきれいにしたい――。その気持ちの奥には、バストにとどまらない、もっと本質的な願望があるのです。自分の心に一歩踏み込んで本当に求めていることをハッキリ自覚できると、ケアの効果が目に見えて上がっていきます。

「下がりバスト」へのワンポイントアドバイス

皮膚を乾燥させないことがポイント。ただし保湿で使うクリームは油分の多いものはNG（毛穴や汗腺が塞がれて雑菌が繁殖し、肌本来の力が低下する）。

「老けバスト」タイプ

③ 広がりバスト（副交感神経優位）

自律神経が乱れる場合、交感神経が優位になって興奮状態が続くケースが多いのですが、なかには副交感神経が常に優位という方もいます。

「広がりバスト」がそのタイプです。

副交感神経が優位だからといって、心地よいリラックス状態でいられるわけではありません。

交感神経はアクセル、副交感神経はブレーキの働きがありますから、常にブレーキがかかった状態であることになります。

交感神経優位型が心身が研ぎ澄まされた状態なのに対して、**副交感神経優位型はいつもどこかしゃっきりしなくて調子が上がらない**感じです。

そのため、頭痛、動悸、便秘・下痢のほか、倦怠《けんたい》感、のぼせ、発汗など、まるで更年期のような症状が若いうちからみられます。

全体的に弛《し》緩《かん》した状態、力を入れられない状態にあるため姿勢をキープすることが難しく、片方に体重をかけるクセがあり、体がゆがんでいることもあります。**バストも同様にビシッと形をキープできず、ブラジャーを外すと横に広がってしまう**のです。

リラックス過剰な状態ですから、日々の暮らしぶりものんびりというかダラダラした様子に見えてしまい、まわりから見ると「だらしない人」と誤解されることもあるかもしれません。

「広がりバスト」へのワンポイントアドバイス

軽い運動をする、熱めのお風呂に入るなど、心地よく感じるストレス（刺激）をつくって、交感神経との切り替えを促す。

「老けバスト」タイプ

④ 縮みバスト（交感神経優位）

血液は全身を巡りますが、手足などの末端は血液が行き届かず、冷えることがあります。すると、血液が運ぶ栄養素を受け取れず、末端の細胞の機能が低下します。**バストも体の末端といえる部分。「老けバスト」はどのタイプも血行不良の影響を受けていますが、「縮みバスト」はとくに顕著**です。

バストを縮ませるほどの血流の低下が起きているかは、「ふくらはぎ」と「耳たぶ」の状態から調べられます。

血液を全身に循環させるのは「心臓」と「ふくらはぎ」です。拳大の心臓だけでは血液を全身に送り込むにはパワー不足。下に落ちた血液を心臓に戻すにはふくらはぎのサポートが必要で、それゆえふくらはぎは「第二の心臓」とも呼ばれます。

私は脳卒中（脳梗塞、脳出血、くも膜下出血）後の患者さんのリハビリに長く携わっていましたが、リハビリの鉄則は「ふくらはぎをしっかり動かすこと」。

「脳の血管を詰まらせる血栓の8割はふくらはぎでできる」と恐れられていますが、脳卒中後は歩行の機会がガクッと減るため、ふくらはぎの血栓リスクがよけいに上昇します。脳卒中を起こした患者さんがまた起こすと確実に重症化するので、ふくらはぎの血流を滞らせないことはリハビリでの最優先事項なのです。

さて、脳卒中後の患者さんの固まったふくらはぎと、「縮みバスト」の方のふくらはぎは、感触が似ています。

一方、耳たぶはふくらはぎのように血液を流すポンプの役割は果たしませんが、血流の状態がよくあらわれる部位です。シカゴ大学による8年にわたる調査は、耳たぶと血流の関係を示唆しています。耳たぶにシワがある人とない人を比較したところ、シワがある人はシワがない人の3倍も多く心疾患で亡くなったというのです。

耳たぶは脂肪組織が多いのでやわらかく、毛細血管も多く存在しますが、動脈硬化で血流が悪くなると脂肪組織が縮んでしまい表面にシワが刻まれます。

血流の低下で耳たぶの脂肪組織が縮むと、同じくバストの脂肪組織も連動するように縮んでしまい、「縮みバスト」になってしまうのです。

「縮みバスト」へのワンポイントアドバイス

腹巻き、レッグウォーマー、ショール、膝掛けなどで冷えない工夫を。

「老けバスト」タイプ

⑤ たるみバスト（交感神経優位／副交感神経優位）

「下がりバスト」と「たるみバスト」は、どちらもバストの位置が下にあるという点は同じなのですが、「下がりバスト」は加齢とともに進むもので、バストもぺたんこな感じになります。極端な例では乳頭が地面に向いている状態です。

「たるみバスト」は年齢は関係なく若い人にもよくいます。バスト自体はふわっとしていて、バストがそのまま伸びたために乳頭は前を向いています。

「たるみバスト」の方の肌は、いわゆる「もち肌」です。

つきたてのお餅のように、なめらかでやわらかな「もち肌」は、美肌の代名詞のようにいわれていますが、実はコラーゲンが少なくてハリがなく、バストの位置をキープする力はありません。

もち肌だと、バストサイズが小さくても、バストがべろんと伸びた「たるみバスト」になってしまうのです。

デコルテからずるりと胸が下がるので、あばらが浮きます。

バストが下がるとそれを支える大胸筋に負荷がかかり、大胸筋は疲労から縮んでしまいます。リュックを背負うとき背中の上の位置にリュックがあると重さを感じませんが、腰の下あたりにあると肩にも腰にも負担がくるのと一緒です。

「たるみバスト」は皮膚のキープ力が低く、ただでさえ崩れやすいのでブラジャーは必須。さらにブラジャーをするときは、バスト前面を覆うパッドではなく、下の部分にだけパッドを入れてください。

これを私は「土砂崩れ止めパッド」（127ページ）と呼んでいます。下から支えてあげて、土砂崩れ（たるみの進行）を食い止めましょう。

「たるみバスト」へのワンポイントアドバイス

伸びて薄くなった肌はデリケート。保湿ケアをしっかりと。

「老けバスト」タイプ

⑥ ゆがみバスト（交感神経優位）

ブラジャーはバストを「整える」ために必要なものであって、「無理やり形をつくる」ためのものではありません。

「バストを大きく」
「谷間をくっきり」
「ツンと上向きに」

と、さまざまな効果を謳ったブラジャーがありますが、バストによけいな負荷をかけるだけです。

脇や背中の肉を寄せて集めてむりやりブラジャーに押し込んでも、それはバストにはなりません。

脇の肉は脇の肉、背中の肉は背中の肉でしかないのです。

強引に体やバストの形を変えるブラジャーを、私は**「拉致監禁ブラ」**と呼んで、バストケアに訪れた方には常用しないように伝えています。きれいなバストをつくるどころか、バストが2段になったり、不自然な形になる「ゆがみバスト」の原因になるからです。

窮屈で苦痛を感じるブラジャーでも「大きくなった」と気持ち的には満足なのかもしれません。

でも、バストを含め体は余計な緊張を強いられて確実にストレスをためていき、自律神経が乱れるので、結果的に「老けバスト」化を進めるだけです。

「ゆがみバスト」へのワンポイントアドバイス

「拉致監禁ブラ」の普段使いはやめる。

「老けバスト」タイプ

⑦ 未成熟バスト（交感神経優位）

前にも述べたように、バストが成長する**思春期に心身に過度なストレスを受けると、**

バストの成長が阻害されます。

幼い頃に虐待を受けた経験があると、心身の発達に問題が出ることはよく知られています。

虐待サバイバーの女性も複数人いらっしゃいましたが、皆さん同様に小柄で華奢な体形をしていました。乳腺が発達できなかったバストは、ふくらみがほぼないような状態でした。

ただ、乳腺が未発達であってもバストアップは可能です。バストが自然と大きくなるタイミングに合わせてケアを進めていきます。

また、幼児期から思春期にかけて、過度なストレスを受けた場合、大人になってからは栄養の吸収に問題を抱える傾向もあります。

それは、**食べてもなかなか太れない**こと。

消化と吸収は副交感神経の領域ですが、交感神経との切り替えがうまくできないので、せっかく食べても栄養素を吸収するに至りません。胃もたれや下痢を起こすこともしょっちゅうで、食べることがかえって体の負担になってしまうこともあります。

貧血がある人、虚弱体質、胃腸障害がある方も、未成熟バストタイプといえるでしょう。

「未成熟バスト」へのワンポイントアドバイス

楽しくゆっくりと食事をする。

「老けバスト」タイプ

⑧ 血流不足バスト（交感神経優位）

「④縮みバスト」（66ページ）は**全身の血流が悪い結果、バストにも影響が出たパターン**です。こちらはバストそのものに血流が届いていない状態。バストの毛細血管まで血液が巡ってこないのです。

そのため、バストにハリがなくなり、サイズダウンや肌の乾燥などがあらわれます。

どうしてバストの毛細血管に血流が届かないのでしょうか？

血流を阻んでいるのは**大胸筋の過緊張**です。

血液は筋肉がギュッギュッと収縮と弛緩を繰り返すことで血管から押し出されます

が、過緊張状態の大胸筋はギュッと収縮したままなので、血液の流れが滞ってしまうのです。

体調不良を押して無理して仕事を続けるなど、肩肘張ってがんばると大胸筋も強く緊張しますから、「血流不足バスト」は誰もが陥る危険があります。

バストの状態から判断できなくても、「食べたら食べただけバスト以外が太る」のなら「血流不足バスト」になっていると考えて間違いありません。

バストには血液が行き渡らないためバストアップに必要な栄養が届かず大きくなることはできないのですが、血液とともに栄養が届くウエストやももなどには、どんどん肉がつくのです。

「血流不足バスト」へのワンポイントアドバイス

筋肉を動かして全身の血流を促進する。

「老けバスト」をつくる4大要素

8つの「老けバスト」には、それぞれ特有の理由があります。「老けバスト」ごとに理由が異なるので対策も異なりますが、「老けバスト」すべてに共通する4大要素というものがあります。

『老けバスト』チェックリスト」で該当項目が1つもなかったとしても、

①姿勢
②冷え
③ブラジャー
④メンタル

の4大要素に心当たりがあるようなら、いずれ「老けバスト」化することは避けられません。この4大要素は、いずれも女性の自律神経を大きく乱し、自律神経の乱れは確実にバストを老けさせるからです。

「老けバスト」の4大要素

① 姿勢

コロナ禍が徐々に落ち着いてきてインバウンドも復活しつつあります。街中で欧米からの観光客の姿を目にすることも増えてきました。

欧米人と日本人は、決定的に筋肉の「やわらかさ」が違います。

どちらがやわらかいと思いますか？

欧米人の筋肉のほうがやわらかく、**日本人の筋肉はかたい**のです。それは姿勢を見れば明らかです。

欧米人は背筋もまっすぐで、胸はバーンと張っています。立ち姿を横から見ると大胸筋や大殿筋がキュッと盛り上がっているのがよくわかります。

これは欧米人の筋肉が柔軟性に富んでいて、縮みとは無縁だからこその形状です。

筋肉が収縮・弛緩を繰り返すことで私たちは体の各部位を動かすことができます。

この収縮・弛緩によって筋肉は自らを「もむ」ことになり、筋肉は多くもまれるほど発達します。

もともとやわらかな筋肉は収縮・弛緩とよく動きますから、ちょっとした動作のたびにほぐされて一層柔軟性を増していきます。

やわらかな筋肉は日常生活の立つ・歩くといった些細《ささい》な動きでも敏感に反応してしっかり収縮・弛緩しますから、筋肉がさらに発達して欧米人のあの姿勢ができあがるのです。

姿勢に影響を与える骨盤

やわらかい筋肉の特徴は、収縮してもしっかり元に戻ること。柔軟性に欠ける筋肉は、収縮しやすく元に戻りにくい傾向があります。欧米人に比べて筋肉がかたい日本人はどうしても筋肉が縮みやすいのです。

筋肉は、曲げるときに働く屈筋《くっきん》と、伸ばすときに働く伸筋《しんきん》に分けることができます。

屈筋と伸筋がもっともわかりやすいのが腕です。

ダンベルを持って肘をグッと曲げたときにできる力こぶが屈筋（上腕二頭筋）で、肘を伸ばすときに働くのが二の腕の裏側にある伸筋（上腕三頭筋）です。

中年以降の上腕三頭筋は俗に「振袖」といわれるようにタプタプしている方も多いのではないでしょうか。伸筋はたるみやすく、屈筋は縮みやすいのです。

事故や病気で体に麻痺《まひ》が残ると、屈筋が強く縮んで体が内側に丸まってしまいます。脳卒中後に麻痺した側の手が「グー」になってしまうのは、屈筋の縮みが強くて指がギュッと内側に丸まってしまったからです。指が丸まった手は血流も悪く、ひんやりと冷たくなっています。

関節を曲げるときに働く屈筋は、縮みやすく、縮むとなかなか戻らないという性質があります。

持って生まれた筋肉がかたい日本人の屈筋は意識しないと縮んでいく一方で、姿勢も崩れてしまうのです。

この**姿勢の崩れと大きく関係しているのが、骨盤**です。

日本人の多くは、筋肉のかたさにより、太ももの後ろ側の筋肉であるハムストリングスが引っ張られ、骨盤が後傾している人が多いといわれています。

しかし、私のこれまでの施術経験から考えると、**骨盤が前傾している人が圧倒的に多い**のです。これは日本人全体というより、女性ならではの特徴かもしれません。

骨盤が前傾する理由として、筋肉のかたさ以外に、

- 女性はヒールの高い靴を履くこともあり、つま先重心の人が多い
- 女性は男性に比べて筋肉量が少ないため、骨盤の前側から足の内側にかけての腸腰《ちょうよう》筋《きん》に負担がかかり、前かがみになりやすい

といったことが考えられます。

猫背を正そうとしてバストが血行不良に!?

人種的に体がかたい日本人は、筋肉の縮みが強く、自然にまかせたままにすると猫背になります。

また、「ジャパニーズウォーク」といわれる膝が曲がった歩き方になり、骨盤は重心が前にかかるため前傾した状態になります。

筋肉をほぐして関節も適度にゆるめれば、猫背や膝の曲がり、骨盤の前傾は改善されるのですが、多くの方は「胸を張る」という間違った対処をしてしまいます。

「猫背を治せば姿勢もきれいになって、バストも大きく見える」

というのは早計で、**筋肉の縮みを改善しないうちに胸をやたらに張りすぎるとバス**

トの下の大胸筋が不自然に引っ張られ、かえってバストへの血流が阻害されることになってしまいます。

さらに、不自然に胸を張るうちに肋骨が開いていき、胸が離れる「離れバスト」（59ページ）になってしまうのです。

かたく縮んだ筋肉は、噛む前のガムと一緒。

噛む前のガムを引っ張るとブチッと切れてしまいますが、ゆっくり噛んでほぐしていけば、次第にやわらかくなりビヨーンと伸びるようになります。

猫背がみっともないのは確かですが、縮んだ筋肉を無理に引き伸ばすのではなく、まずはほぐして、ゆるめてあげましょう。

98ページからの「1分メソッド」でも、筋肉をほぐすストレッチを紹介していますので、ぜひ実践してみてください。

「胸の張りすぎ」が腰痛を招く

猫背は「老けて見える」「元気がなさそう」など決していい印象を与えませんから、美容に気をつかう女性ほど「姿勢をよく」とがんばってしまいます。

ただ、そこでがんばりすぎて胸を張りすぎると、骨格に不自然な形を強いてしまいます。背骨のラインはゆるやかなS字を描いていますが、胸を張りすぎると腰が反ってしまい、上下のカーブが大きなS字になってしまいます。

いわゆる**「反り腰」という骨盤が前傾した状態**で、体の重みや動きによる衝撃をうまく逃がすことができず**腰痛**を発症してしまいます。

腰痛だけではありません。

不自然な形のS字に重い頭を乗せると、頭はグラグラと不安定な状態です。揺れによって首・背中に負荷がかかりすぎてしまい、**首・肩の筋肉のこわばり、頭痛、顎関節症、耳鳴り、イライラ**などを引き起こしてしまいます。

「猫背はよくない。胸を張るのが正しい姿勢」と信じきっていると、その「正しい姿勢」が体に負荷をかけているとはサラサラ思いません。よかれと思っていることが全くの逆効果で、原因不明の痛みや不快感に悩まされる羽目に陥ってしまうのです。

「自分を知ること」がバストアップの第一歩

私の治療院では、バストアップ鍼灸だけでなく、頭痛・腰痛といった治療やパニッ

姿勢チェックのやり方

①肩の力を抜き、リラックスした状態で壁に背を向けて立つ。

②後頭部、背中、お尻、かかとを壁につけたとき、壁と腰の間に手を入れて、どのくらいの隙間があるかをチェックする。

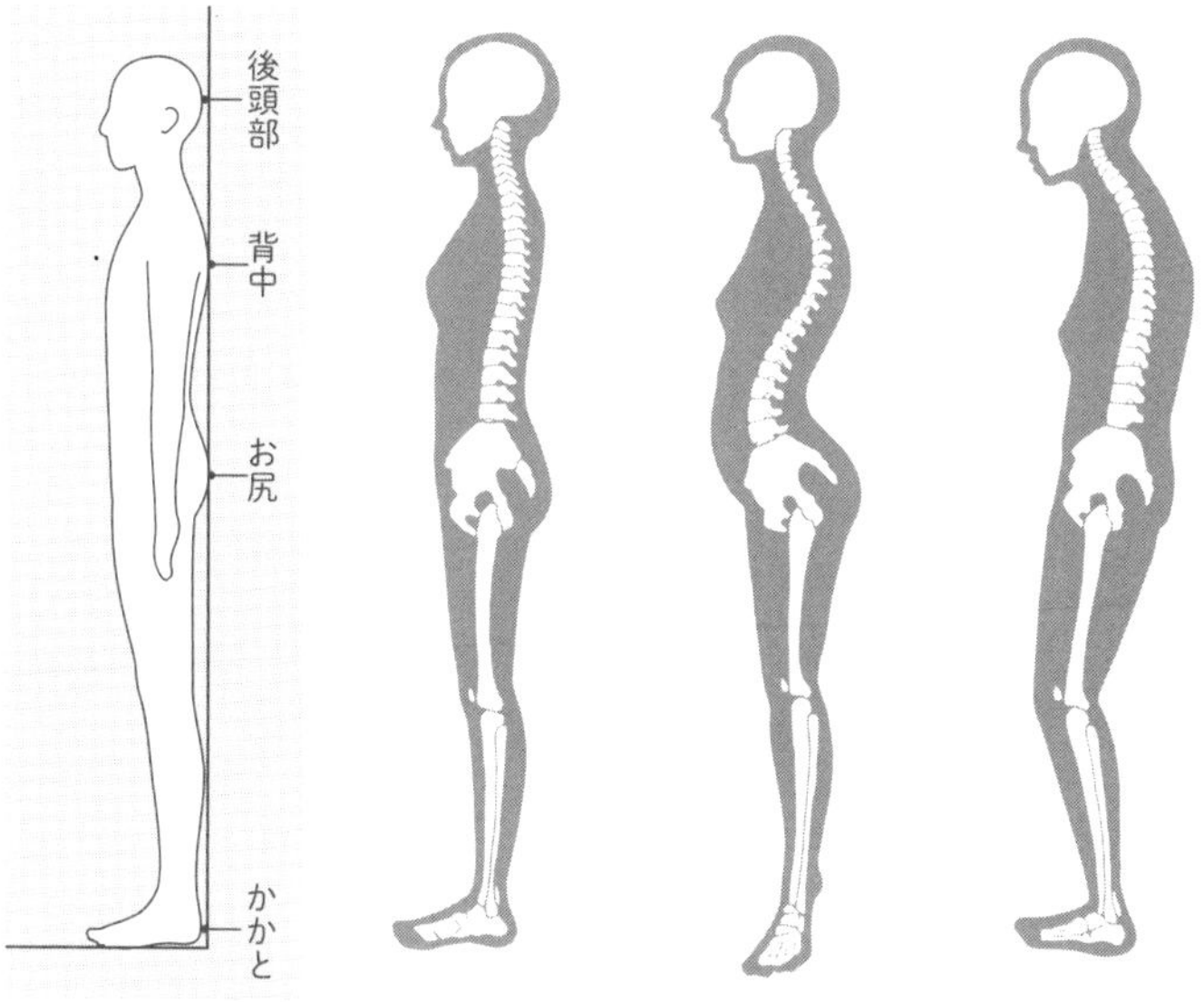

姿勢チェック

正しい姿勢
腰の後ろに手のひらが入る

骨盤前傾
腰の後ろに握りこぶしが入る

骨盤後傾
腰の後ろに手が入らない

骨盤前傾の姿勢が「老けバスト」を招く。

ク障害などのメンタルを整える施術もおこないますが、どの方にも最初に伝えることがあります。

「自分自身をよく知りましょう」

このときに行うのが「姿勢チェック」です。

リラックスした状態で、後頭部、背中、お尻、かかとを壁につけて立ってもらいます。

この時点で交感神経優位型の方は、なかなか肩から力を抜けないので「ああ、私はいつも緊張しているんだ」と1つの気づきがあります。

また、反り腰特有の状態として、肋骨の出っ張りがあります。肋骨にさわれるか、背中と壁の間にどれくらいの空間があるかを実際にご自身の手で確かめてもらうことで、「しゃんと伸びた背筋」のはずが、「骨盤前傾、反り腰、おまけに離れバスト」であることが発覚します。

美容に関することは**「楽なことが正しい」**と覚えておいてください。窮屈なブラジャーも、ぐりぐりと痛いマッサージも、美容効果はありません。

姿勢だって同じ。正しい姿勢はどこにも痛みを起こさず「楽」なのです。

猫背、ジャパニーズウォーク、「骨盤前傾、反り腰、おまけに離れバスト」を改善するためには**全身運動が効果的**です。皆さんおなじみのラジオ体操を日課にするのもよいでしょう。全身の筋肉がほぐれ、やわらかくなります。

「老けバスト」の4大要素
② 冷え

「冷え」が健康の大敵であることはもはや常識です。

体が冷えているということは、血液が行き届いていないということ。

細胞は血液から酸素や栄養を受け取り、代わりに老廃物を引き渡すことで活動ができます。体が冷えていると、細胞レベルでパワーダウンしている状態なのです。

体の冷えは自律神経も乱してしまいます。

筋肉が緊張してこわばるため、ますます血流が悪くなり冷えがひどくなるうえ、体が緊張状態にあると交感神経が常に優位となり、副交感神経との切り替えがスムーズにできなくなってしまうのです。

こうした状態が続くといずれ体調不良が引き起こされ、病気へと発展する危険も高くなるのです。バストはもちろん、全身の老化のスピードも速めてしまいます。

「冷え」は老化のはじまり

筋肉は何歳になってもトレーニングをすればしっかりと応えてくれますが、なにもしないでいると徐々に落ちていきます。体の熱のほとんどは筋肉でつくられますから、筋肉量が減れば体も冷えていくのです。

とくに落ちやすいのが下半身の筋肉。人間の筋肉の7割は下半身に存在し、下半身の筋肉はほかの部位に比べて大きいので少しの運動でもたくさんの熱を産生できます。下半身に流れてきた血液を心臓に戻すのもふくらはぎなど、下半身の筋肉の力によります。

体熱の上昇や全身の血流に大きく関わる下半身の筋肉が細くなってしまうと、確実にバストも老けはじめます。

「バストが下がった」

「デコルテにあばらが浮いてきた」

という悩みに気づいたときは、ヒップも貧弱になって下がり、太ももの間のすき間も大きくなっているはずです。

「血流」の種類と自律神経の関係

体の冷えを根本的に解決するには「血流を促進する」ことが必要です。

ところで、「血流を促進する」とはよくいわれる表現ですが、「血流」に種類があることはご存じですか？

血流には**「交感神経優位の血流」「副交感神経優位の血流」「治療による血流」**の3つの種類があります。

運動が起こす血流は「激流」

横断歩道で走る、地下鉄の階段を駆け下りるなど、ちょっと体を動かすだけで体はほてって顔が上気します。

激しい運動をするとさらに勢いよく血液が巡りますが、このような血流はまさに「激流」。

激流状態にあると心拍数が上昇します。心拍数が上がっているときは血管が収縮しているとき、つまり交感神経が優位なときです。

激しいトレーニングで極限まで体を追い込み、交感神経をマックスまで高め、心拍数を上げ、血流を激流にするのが健康にいいかというと、それは違います。

運動で引き起こした「激流」を「血流がよくなった、健康にいい」と勘違いしている人もいますが、その後のクールダウンや休息が不十分だと健康にとってはマイナスでしかありません。

入浴がもたらす血流は「緩流」

ぬるめのお風呂にゆったりつかると、血管が拡張し毛細血管のすみずみまで穏やかにゆっくりと血液が行き渡ります。

激しい運動による血流が「激流」だとすると、こちらはゆったりとした「緩流」。もちろん自律神経は副交感神経が優位になっています。

ゆったりとお湯につかっているうちに、心身の緊張がスーッと抜けていったという経験はどなたもあるでしょう。血管のなかをゆるやかに血液が流れ出すと、心地よいリラックス感に包まれていくのです。

こうした効果が得られるのは、ぬるめのお湯の場合。お湯をぬるく感じるのには個人差がありますが、だいたい38~40度が副交感神経が優位になる温度です。42度ほどの熱い湯は交感神経が優位になります。

お風呂で自律神経を整える方法は、次章で詳しくお話しします。

鍼が起こす血流は「治療による血流」

鍼灸の治療でお顔に鍼を打ったとき、鍼を抜くタイミングは「一律○分後」というわけではなく、私はその方のお肌の様子によって決めています。

では、どのような状態になったときに抜くと思いますか?

①頬が紅潮してきたとき
②汗が出てきたとき
③顔がテカってきたとき

正解は③。顔がテカテカしはじめたら「ゆるんだ」と判断して鍼を抜きます。

筋肉や血管、精神的な緊張などが「ゆるんだ」とき、血流がよくなってさまざまな物質が流れはじめるため、汗だけでなく油分も肌表面に浮いて顔をテカらす、と私は考えています。

転んで膝をすりむくと、血小板、赤血球、白血球などが傷ついた部分に集まり、また線維芽細胞がコラーゲンやエラスチンなどのタンパク質を産生して、肌の修復のために働きます。鍼を打つということは血流を促進するためにわざと小さな傷をつくるということです。

鍼は安全な傷を人為的につくることで、修復作用のある成分を結集させ、その力で状態を改善させるのです。

「老けバスト」の4大要素

③ ブラジャー

「よかれと思ってやっていたのに実は逆効果だった……」

バストアップ鍼灸を求めて治療院にいらっしゃる女性たちは、バストケアに熱心な方ばかりです。

補正下着、胸を上げて寄せて谷間をつくるブラ、バストがふわぷるになるというサプリメント、強い刺激の締め上げるようなバストアップマッサージと、できる限りの努力をしています。

ちなみに、右にあげたものはすぐにやめましょう。効果がないだけならまだしも、逆効果でますます「老けバスト」化を進めてしまうからです。

なかでもバストの形をむりやり変形させ、締め付けるようなブラジャーは、百害あって一利無し。

ブラジャーはバストを育てるためのもので、いじめるためのものではありません（正しいブラジャーの選び方については、次章を参照してください）。

上げて寄せては、「拉致監禁ブラ」

「ゆがみバスト」でも触れましたが、世の中には「拉致監禁ブラ」としか言いようがないブラジャーがあふれています。

高額な補正下着は、アドバイザーの方が着用のレクチャーをしてくれます。簡単には着用できないからです。その理由がこれ。

「バストから脇や背中に流れたお肉も、しっかり集めてブラジャーのカップに入れ込みましょう」

手を背中に伸ばしてお肉をぐぐぐっとバストまで寄せて、カップに入れ込みます。

でも、脇は脇の、背中は背中のお肉でしかないのです。

もともとバストとは無関係のお肉を無理矢理集めて（拉致）、カップに入れ込んだ（監禁）ところで、バストになることはありません。

拉致監禁されたお肉は隙あらば逃げだそうとしますから、トイレに行くたびにお肉を入れ直すように指導されることもあるようです。

若いうちは補正下着や拉致監禁ブラを外しさえすれば、解放された脇や背中のお肉は本来の場所にすぐに戻ってくれます。ですから、一時的に「盛りたい」場合には、便利なアイテムかもしれません。

ただし、長期間の使用は、筋肉や皮膚に着々とダメージが蓄積されていきます。**常に引っ張られているため血流が妨げられ栄養が行き届かなくなり、元の場所に戻る力も低下してしまう**のです。

そのうちブラジャーを外しても元の場所に戻ることができず、バストのそばでポコッとしたふくらみとして残ります。

脇のお肉も背中のお肉も、バストに仲間入りすることはできません。元の場所に戻れなくなったら、「不自然なふくらみ」にしかならないのです。

補正下着や拉致監禁ブラを使い続けると、不自然な場所にあるべきでないふくらみができ、肝心のバストまで奇妙な形になってしまうのです。

バストの変形や乳頭の色素沈着の原因に

脇や背中のお肉を押し込める拉致監禁ブラは、伸縮性が乏しくかたく頑丈に仕上げています。当然です。やわらかなフィット感ではお肉が逃げてしまって、〝拉致監禁〟できないからです。

ストラップやサイドベルト、サイドボーン（カップとサイドベルトの間にあるワイヤー）などの締め付けに抵抗して、脇や背中のお肉は元に戻ろうとしますから、絶えず皮膚は摩擦《まさつ》を受けることになります。

ストラップがあたる部分、サイドベルトやサイドボーンが強くあたる部分で肌の色

素沈着が進み、なかでも乳頭の色素沈着が顕著で、茶色や黒ずんだような色になってしまうのです。

「先生、バストも大きくしたいんですが、乳首の色もどうにかなりませんか？　いいクリームがあったら教えてください」

「それ、『拉致監禁ブラ』をやめたら、すぐきれいになるかもよ」

乳頭の色が黒ずんできたのは年齢によるものと諦めていた方が、「拉致監禁ブラ」をやめたとたんに淡いピンク色に戻ったケースもあります。

バストを解放しすぎる「ブラトップ」

テレビでコマーシャルが流れ、有名ブランドからノーブランドまでこぞって販売しているブラトップ（カップ付きインナー）ですが、残念ながらこちらも「老けバスト」アイテムです。

胸が小さくてもブラジャーは必要です。大きければ当然必要。

バストを本来あるべき位置でキープするのがブラジャーの役目です。

ブラトップは、そこが快適だという方もいるでしょうが、全体的にホールド力が弱

いのが問題。

また、カップのサイズも大雑把なのでカップのなかでバストが泳いでしまいます。バストの位置をビシッと定めてくれませんから、乳頭やバスト全体がカップとこすれてしまって色素沈着やかゆみを起こすこともあります。

「休みだ！」という解放感のスイッチになるのなら、休日くらいはいいでしょう。ただし、日常的に使用すると、下がり、広がり、たるみ、ゆがみと、あらゆる「老けバスト」タイプを兼ね備えた「最強の老けバスト」をつくってしまいます。

「老けバスト」の4大要素

④ メンタル

前にも述べたように、思春期に大きなストレスにさらされると、バストの成長も阻害されてしまいます。

バストとメンタルの状態は密接に結びつくので、性格や思考によってバストの形も変化していきます。

せっかくのびのびとした思春期を過ごし、ふっくらしたバストを得たのに、年齢とともに本来のバストとはかけ離れた状態になっていく方は多いのです。

バストを見れば性格がわかる

例えば**「私なんか女子」**。

自己肯定感が低く常に不安を抱えている女性を「私なんか女子」と命名したのは、こちらの言葉に対して、「どうせ私なんか、ダメだし」と必ず自分を否定する言い方をするからです。そんなタイプはバストも本来の位置より下がっています。

また、いつもトゲトゲしい**「ハリネズミ女子」**もいます。

周囲の攻撃から身を守るため過剰に自己防衛していると、バストは小さく縮むうえ、左右のバストが互いにそっぽを向いて離れてしまいます。

仕事も家庭も、友人関係もいつも一生懸命な**「がんばり女子」**は、自分のことは後回しでバストをまじまじと見る機会もありません。

「がんばり女子」キャラを続けているとバストの間はだんだんと開いて離れていくのですが、それに気づくことすらないのです。

友人や彼氏を支配下に置きたい**「女王様女子」**はおしゃれにも気をつかい、ネイルやメイクもバッチリ。バストケアにも貪欲で、きれいなバストをしているのに「もっともっと」とがんばりすぎた結果、「がんばり女子」と同じように離れバストになってしまったりします。

どうですか？　職場や学校に思い当たる人がいませんか？

今度、その人に会うときはバストの形をさりげなくチェックしてみてください。きっと「なるほど」と納得がいくはずです。

パニック障害とバストの関係

パニック障害の患者さんのケアも行っていますが、とにかく体に力が入っているので、その緊張をほぐすことが治療のすべてといってもいいくらいです。

細い糸で吊りさげられた鋭いナイフの下に身を置いている――そんな不安と恐怖に常に苛《さいな》まれているため体がガチガチにかたまっているのです。

首、肩、背中、顎からなにから、いつも緊張でカチンコチンになっていて、それが就寝中も続きます。心安まるときがないのですから、バストも「老けバスト」化してカチカチです。

ご本人にとって大変苦しい状況ですが、パニック障害の場合、体の緊張を施術でほぐしていくとメンタルも足並みを揃えて改善されていきます。体の緊張が緩和され、パニックの症状が治まってくると、カチカチだった「老けバスト」もふっくらとやわらかさを取り戻すのです。

「老けバスト」が若返る！ 1分メソッド

これから紹介する「1分メソッド」は、いずれもすぐにできることばかりです。ぜひ「老けバスト」の予防・改善に役立ててください。

ゆるやかに全身の血流を促進し、自律神経を整える効果の高いメソッドを集めました。

バリエーションがあったほうが楽しいので、動かす部位や動かし方はいろいろです。

運動経験がない方でも無理なくできる動きばかりなので、気楽にトライしてください。気分もスッキリしますよ！

「楽しく気分よく！」がポイント

芸人のなかやまきんに君の持ちネタに「おい、俺の筋肉！」と筋肉に語りかけるというものがあります。実際に筋トレでは「がんばれ大胸筋！」「もっともっとだ、上腕二頭筋！」と筋肉に声をかけることは推奨されています。

「意識性の原則」といって、運動の内容、目的、部位を意識することで、トレーニング効果を高めることができるのです。

メソッドの最中は、ぜひ体に語りかけ、また体の声を聴いてみてください。

「肺よ、ゆっくり息を吸い込もうね」

「骨盤よ、いい調子だね、腰があたたかくなってきたよ」

とはいえ、あまり難しいことを考える必要はありません。

老けバストケアのコツは「楽しく気分よく！」。これに尽きるのです。

「老けバスト」が若返る！　1分メソッド

姿勢を改善するバレエストレッチ 1

姿勢を改善するには、筋肉をやわらかくするのが第一歩。そこでおすすめなのがバレエストレッチです。プリエ（しゃがむ動作）とルルベ（つま先立ちの動作）を繰り返します。脚の内側の筋肉は、経絡的には子宮とバストにつながっており、下半身の血流アップにも効果的。私は歯磨きのとき、レンジ待ちなど、ちょっとした隙間時間にやっています。

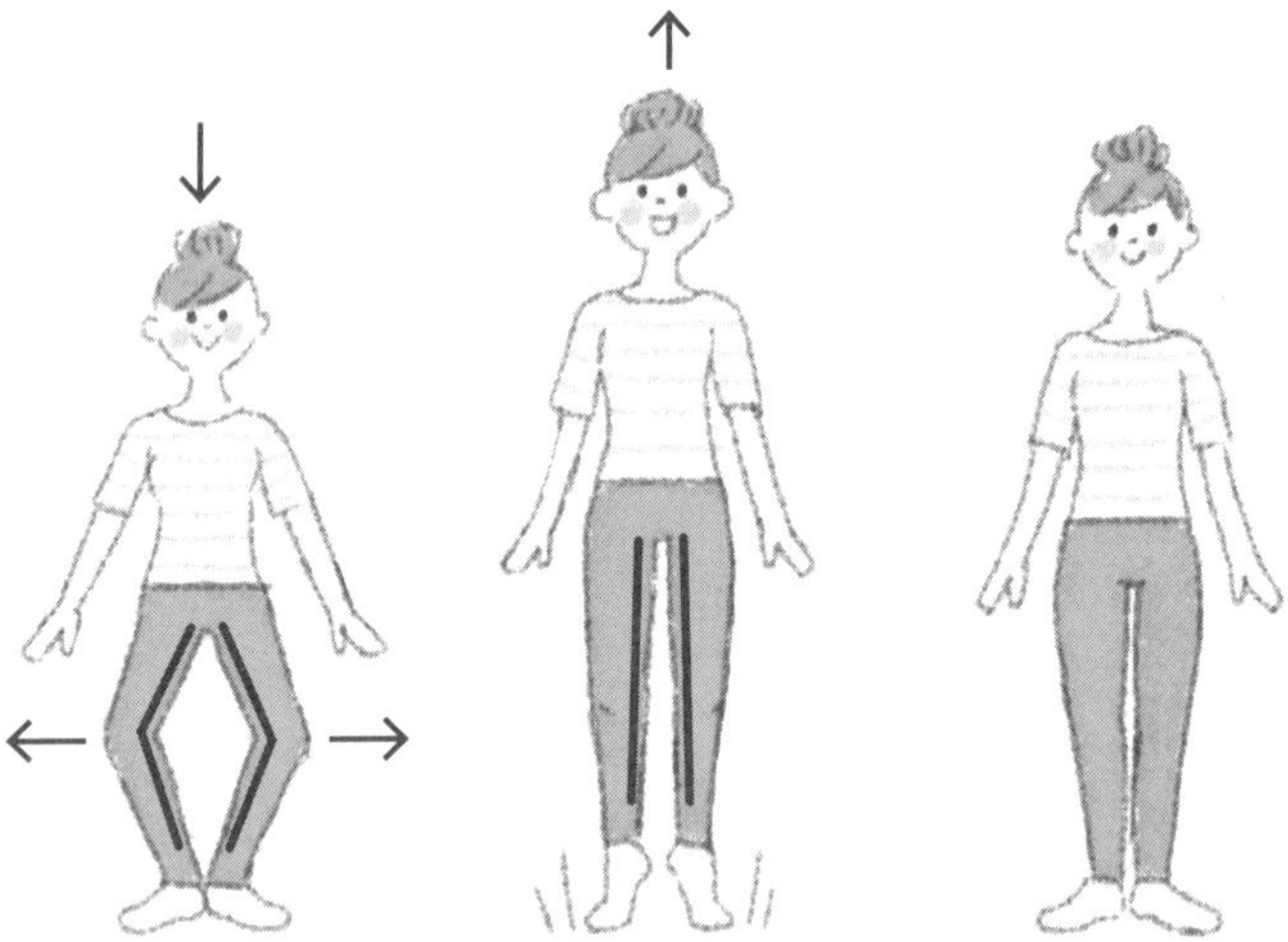

①

両脚を閉じて立ち、つま先と膝を外側に向ける（つま先は膝の向きに揃える）。

＊椅子の背もたれなどに手を添えてもOK。

②

髪の毛を引っ張られているようなイメージで背筋を伸ばし、ゆっくりとつま先立ちをし、その後かかとをおろす。

＊内ももの筋肉を意識する。

③

腰を下げて膝を横に開いていき、その後腰を上げる。
①〜③の動きを繰り返す。

＊かかとは浮かさない。

「老けバスト」が若返る！　1分メソッド

姿勢を改善するバレエストレッチ 2

スクワットに似た動きですが、バレエストレッチはやり方が違います。常に上から引っ張られているイメージで、体の軸をまっすぐに保ちながら、股関節から体を下げていきます。お尻は突き出さないようにして行います。

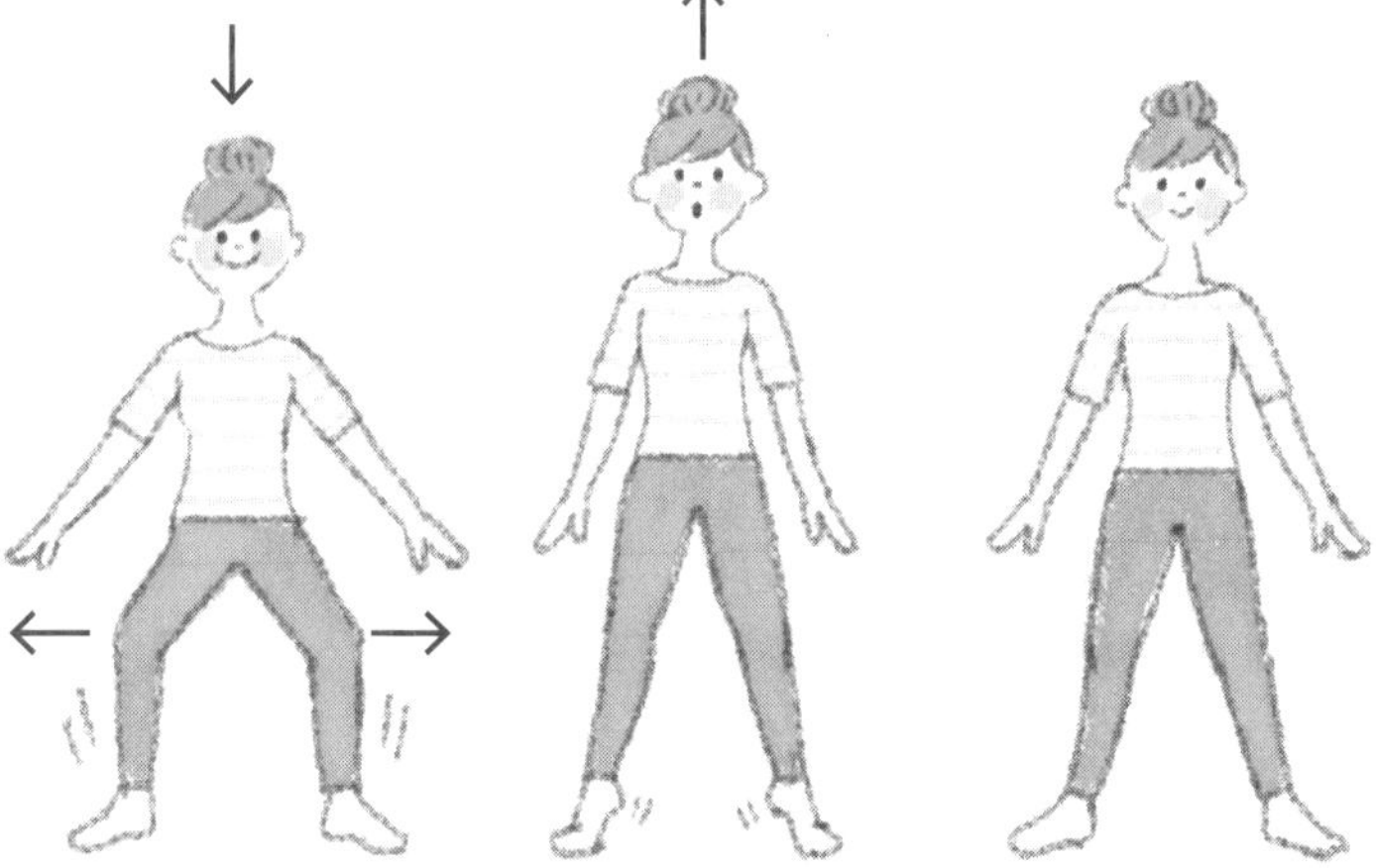

①

両脚を肩幅よりやや大きいくらいに広げて立ち、つま先と膝を外側に向ける（つま先は膝の向きに揃える）。

＊椅子の背もたれなどに手を添えてもOK。

②

髪の毛を引っ張られているようなイメージで背筋を伸ばし、ゆっくりとつま先立ちをし、その後かかとをおろす。

＊内ももの筋肉を意識する。

③

腰を下げて膝を横に開いていき、その後腰を上げる。
①～③の動きを繰り返す。

＊お尻を突き出さないようにする。

骨盤を整えるストレッチ

股関節をゆるめることで、骨盤まわりの筋肉をほぐします。寝て行う動きなので、寝る前にやるのを習慣にするのもいいですね。骨盤前傾を改善するのにも効果的。片脚1分を目安に行いましょう。

① リラックスした状態で仰向けに寝て、片方の膝を立てる。

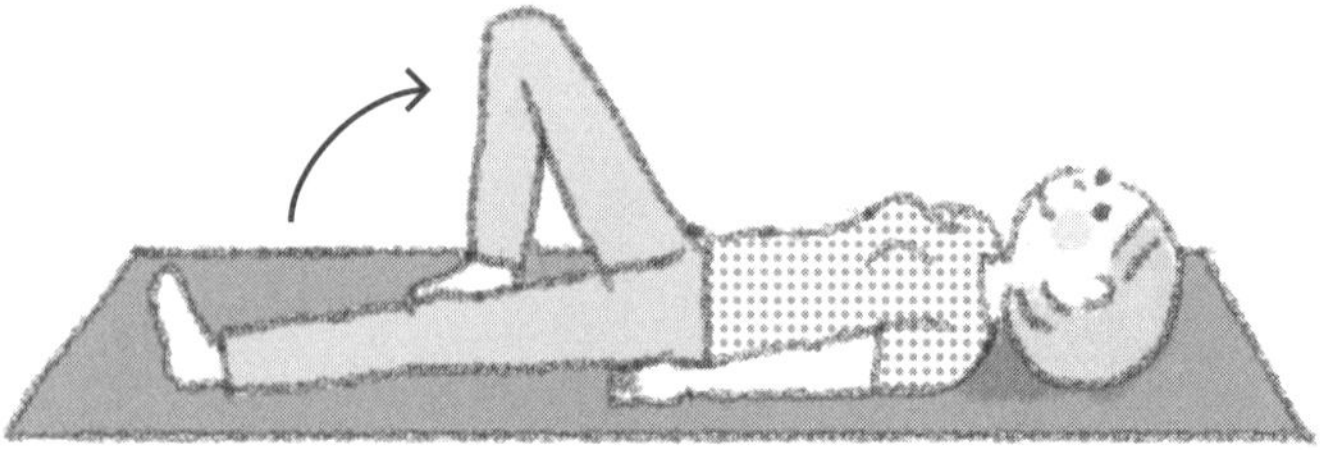

*もう一方の脚は伸ばすか、軽く曲げてOK。

② 膝を曲げた状態で左右に揺らす。股関節がゆるんできたら、
だんだん動きを大きくしていく。

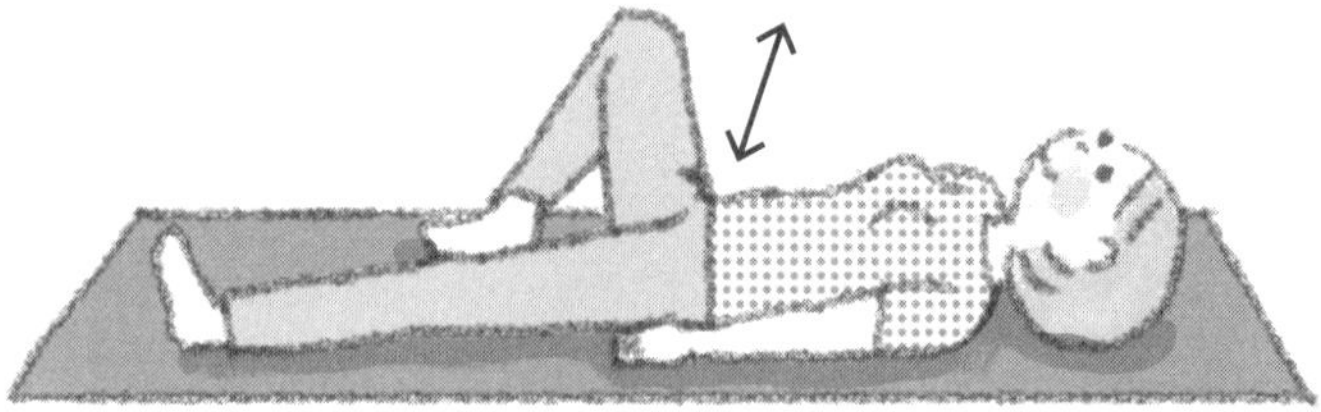

③ 膝を曲げた状態で、股関節の付け根から、円を描くようにして回す。小さな円から大きな円へと、だんだん動きを大きくしていく。逆方向にも回す。

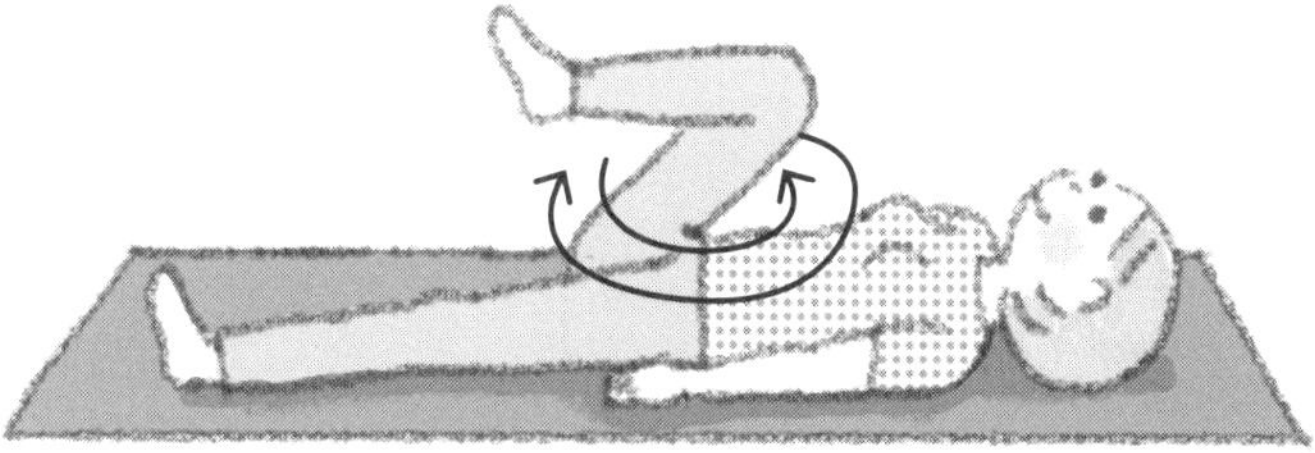

④ 曲げたほうの脚を両手でつかんで、胸のほうに引き寄せ、左右に揺らす。反対側の脚も同様に①～④の動きを行う。

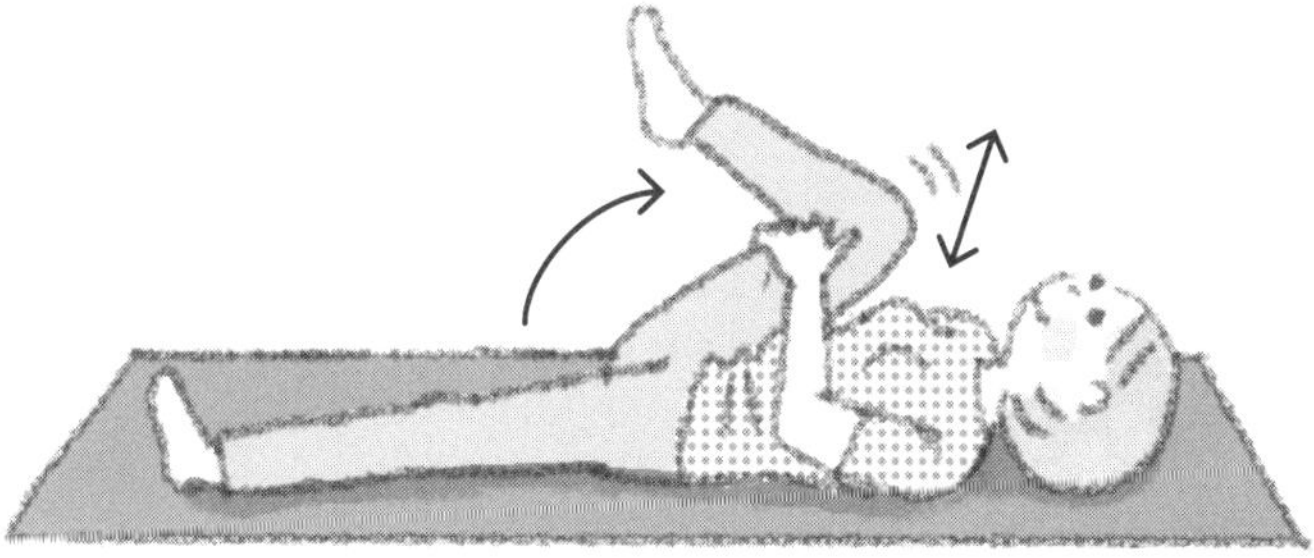

「老けバスト」が若返る！ 1分メソッド

肩甲骨まわりのストレッチ

背中側にある肩甲骨まわりの筋肉がかたくなると、肩こりになるだけでなく、胸にも影響を与えます。おすすめなのは、腕を動かすストレッチ。肩甲骨まわりの筋肉をほぐすと同時に、大胸筋もゆるんできます。一日1回やることを目標にしてみてください。

① 体の前側で両肘を90度に曲げる。

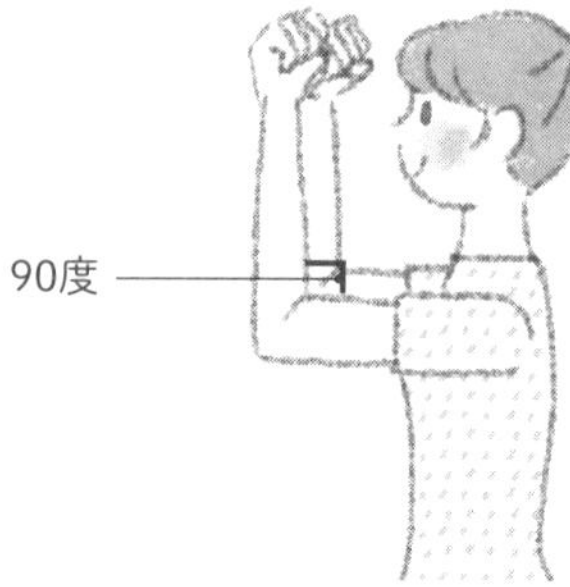

② 肘を曲げた状態で、肩甲骨を意識しながら、腕を開閉する動きを10回程度繰り返す。

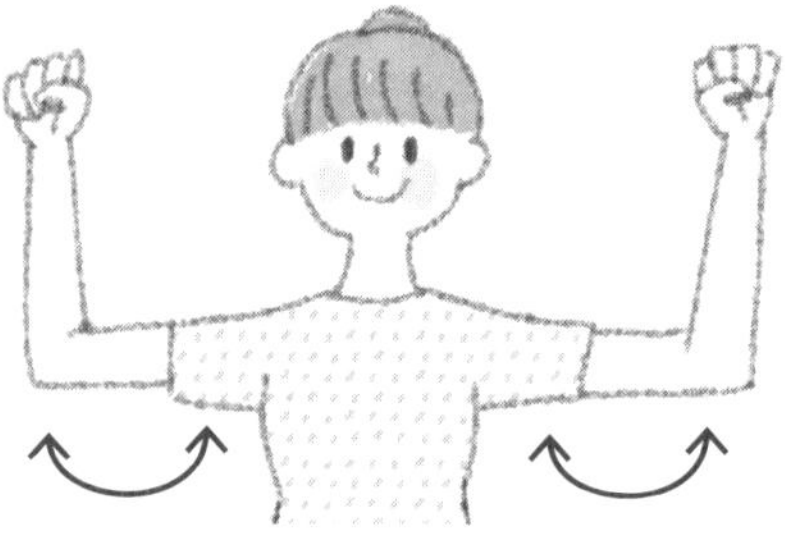

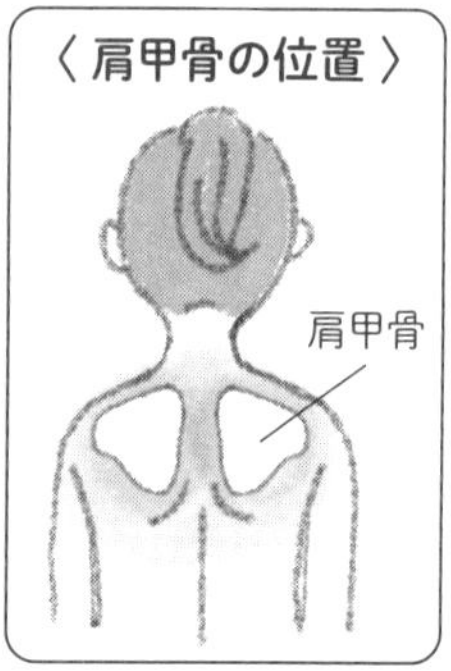

〈 肩甲骨の位置 〉

③ 肘同士を合わせ、肩甲骨を外側に開いて戻す。
この動きを5回程度繰り返す。

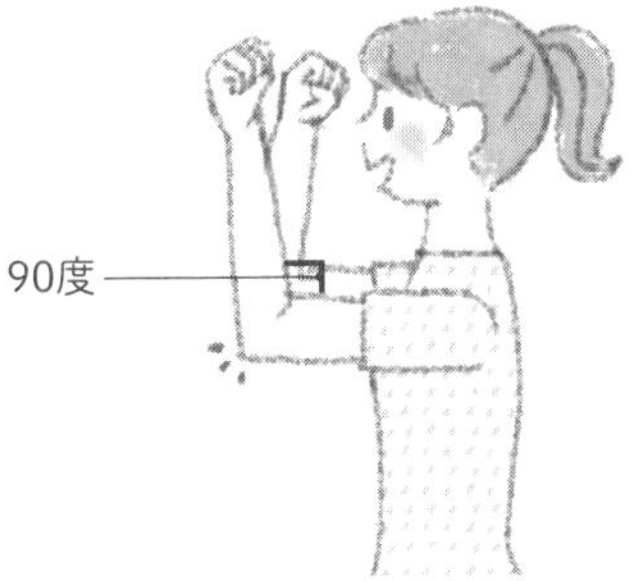

〈前から見た状態〉

*肩甲骨を開くことで、大胸筋が刺激される。
腕をVの字にすることで、小胸筋にも効果がある。

✕〈これはNG!〉

*肘がつかない場合は、無理につけなくてもOK。
肘を90度にするのがポイント。

「老けバスト」が若返る！　1分メソッド

胸式・背式呼吸法

日頃は無意識に行っている呼吸ですが、意識的に呼吸をすることで、体の深部の筋肉（インナーマッスル）に働きかけることができます。胸の前側の大胸筋と、背中側の呼吸筋をゆるめることで、確実にバストアップにつながります。

①

リラックスした状態で椅子に深く腰かける。

口から息を吐いたあと、肺を使ってゆっくり鼻から息を吸い、ゆっくり口から吐く（胸式呼吸）。

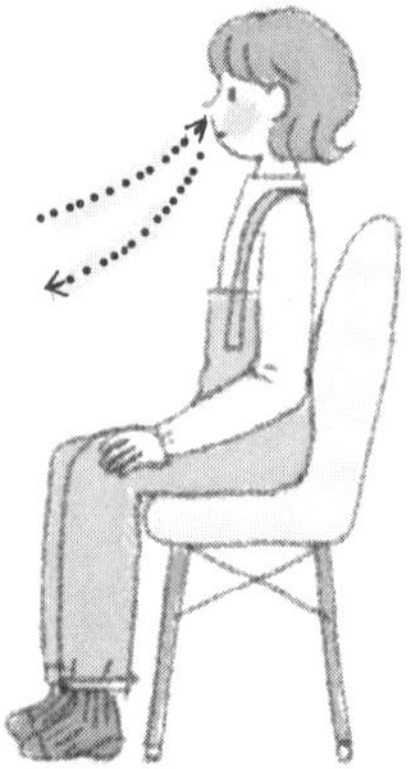

②

背中を膨らませるイメージで、ゆっくり鼻から息を吸い、ゆっくり口から息を吐く（背式呼吸）

③

①と②の呼吸を交互に繰り返す。

＊寝る前に行うのもおすすめ。

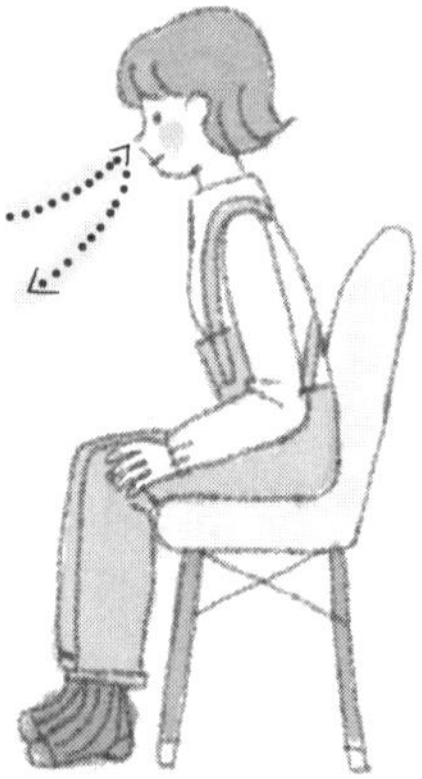

コラム

美しい体をつくる理想の筋肉とは

ときどき、プロのバレエダンサーとして活動している息子の体のケアをしますが、しみじみと理想的な筋肉だなと思います。とくにお尻。

ダンサー仲間にも「プリケツ」ぶりは有名なようで、しょっちゅうさわられているそうです。

柔軟性がありながら収縮力が強く、どれくらい収縮するかというと、お尻に注射されたとき痛くてキュッと力を入れたら注射針がペキッと折れたほど。

ギュッと縮んで、シュッと伸びる。このスピードが速く、落差が大きいのがよい筋肉で、そんな筋肉はやわらかいのです。

バストケアには「ゆるめる」筋トレがおすすめ

バストの土台は筋肉なので、筋肉がほどよく発達しているとバストの形もサイズも申し分のないものになります。

でも、筋肉を発達させようと、激しい筋トレや運動をするのはやめましょう。男性ホルモンが優位になって乳腺が縮んでしまうのでバストにはマイナスです。

バストケアのためには筋肉をカチカチに鍛えるのではなく、「ゆるめる」ことが大事です。

姿勢を改善するバレエストレッチ（100〜101ページ）は、「プリケツ」息子直伝です。「ゆるめる」効果バツグンのストレッチで、やわらかな筋肉を育てましょう。

第3章

「バストのポテンシャル（底力）」を引き出す習慣

ブラジャーを制する者は、バストを制す

第1章ではバストと自律神経の関係、第2章では「老けバスト」診断と解消のための1分メソッドについて説明しました。

また、第2章ではバストと性格の関係についても触れましたが、バストに人となりがあらわれると知ると、同僚や友人のバストがちょっと気になりますよね。

「あの人はきれいなバストだな」とか、「あんまり憧れないバストかも」などとバストに抱く印象は、意外と持ち主に対する好感度と比例しています。

あなたは、どんなバストになりたいですか?

あなたが「なりたいバスト」とは、「なりたい自分」です。

この章では「なりたいバスト」をつくるための、ブラジャー選びやバストケアなど、生活習慣全般をお伝えします。

まずは基本の「き」、ブラジャーの買い方です。

ブラジャー、どこで買っていますか？

ネットショッピングでの返品率は15～30％という調査結果があります。実店舗で実物を確認して購入したり、リピート購入であれば「届いてガッカリ」ということはありませんが、ネットの画像だけを見て購入すると、届いてはじめて商品に触れるわけです。届いた品を手にして、「どうもイメージと違う」とガッカリすることもあるでしょう。

ただ、だからといって「即返品」とは、よっぽどでないとなりません。

「外出が面倒だから通販にしたのに、返品作業なんて億劫《おっくう》だわあ」

「通販だからこんなもんだよね」

「使えないこともないしなあ」

少々の不満には目をつぶって、そのまま使う人も多いのではないでしょうか。

さて、あなたのブラジャーです。

実店舗で買っていますか？

通販で試着もなしに購入していませんか？

届いたブラジャーに違和感があるけど、とりあえず使っていませんか？

ブラジャーは絶対に実店舗で、きちんとバストとアンダーバストを計測して、必ず試着をしてから購入してください。

ブラジャー選びの際のチェックポイント

試着するブラジャーはサイズだけで選んではいけません。チェックポイントは**「伸び」と「ワイヤー」**です。

よいブラジャーはサイドベルトがよく伸びます。そして、しっかり元に戻ります。ショップでいくつかブラジャーのサイドベルトを伸ばして比べてみると「伸び」にかなり差があることがわかります。

同じメーカーでもデザインや謳っている機能によって、サイドベルトの伸びがまったく違うのです。補正下着や胸を上げて寄せて谷間をつくる「拉致監禁ブラ」に至っては、サイドベルトがほとんど伸びません。

ブラジャーのパーツの名称

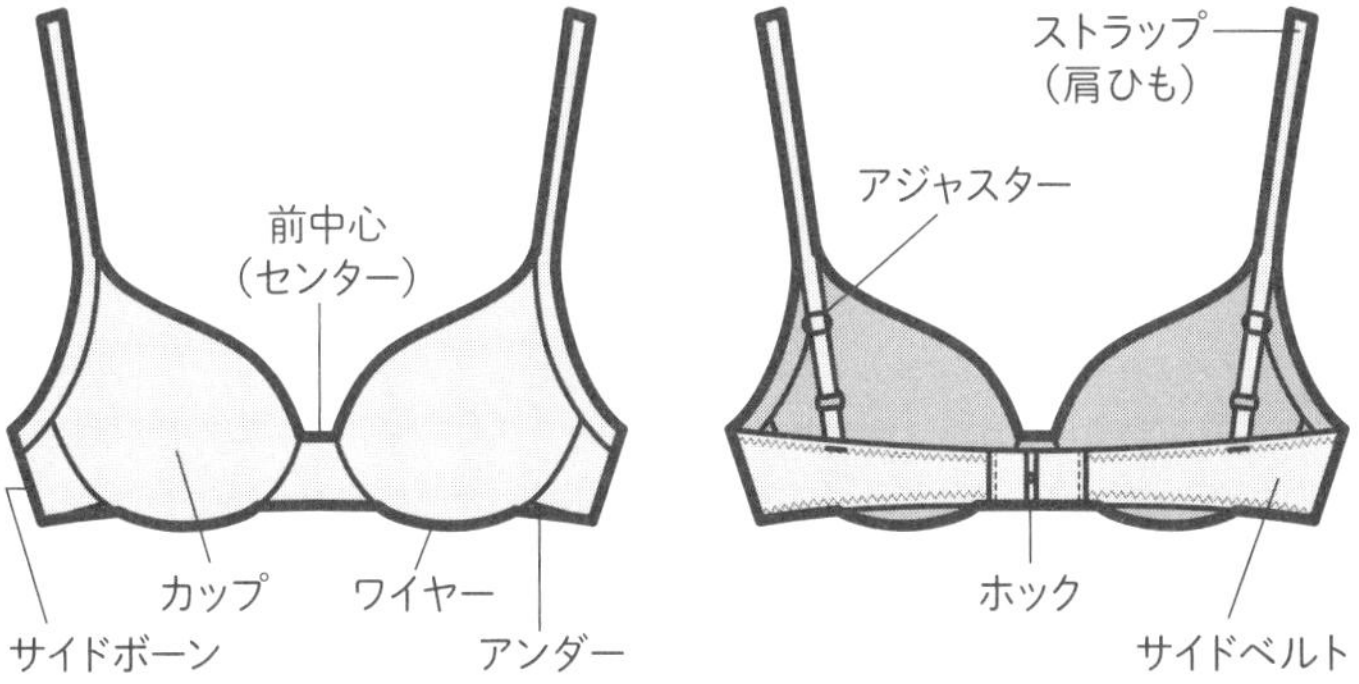

サイドベルトがしっかり伸びるブラジャーは、バストの動きを妨げずにバストの位置を正しくキープしてくれます。

次にチェックするのは「ワイヤー」。ワイヤーはバストの形を整えるだけでなく、「骨格のチェック」に大いに役立つ大事なパーツです。

バストアップ鍼灸にいらっしゃる女性は、「ワイヤー」入りのブラジャーが苦手とおっしゃる方が多いのです。左右のバストの間にワイヤーがあたって痛いから、ワイヤー入りのブラジャーは使いたくないと。

この痛みこそワイヤーの存在意義です。

ワイヤーがあたるのは、姿勢が崩れ骨格のバランスが悪くなっているサイン。

反り腰で胸を張る姿勢が続いた結果、肋骨や胸骨にワイヤーがあたって痛いのです。

「老けバスト」タイプでいうと「離れバスト」（59ページ）の状態です。

最近のブラジャーは、縫製の工夫でノンワイヤーでもしっかりバストをホールドしてくれるものもあります。ホールド力があればノンワイヤーのブラジャーでもバストが下がるのを防ぐことはできますが、姿勢が崩れ骨格のバランスが悪くなっていないか、「痛み」というハッキリとしたサインで教えてくれる「ワイヤー入りブラジャー」は、1枚は持っておいてください。

バストを整え姿勢チェックもしてくれるワイヤー入りブラジャーは「バスト年齢」を若く保つために必要ですが、２０１７年にノンワイヤーブラジャーに販売枚数が抜かれてしまいました。

ワイヤー入りブラジャーが敬遠されるようになったのは、「離れバスト」の女性が増えていることのあらわれなのだと思います。

前章でお話ししたことを覚えていますか？

「離れバスト」の別名は「がんばりバスト」です。「もっともっとがんばろう、がんばらなくちゃ」と、顔を上げ胸を張りすぎて奮闘しているうちに、前に出てしまった肋骨や胸骨にブラジャーのワイヤーがあたるようになったのです。ワイヤーが痛いと気になってがんばれませんから、ノンワイヤーブラジャーを選ぶようになったのでしょう。

ワイヤーがあたって痛いと感じる方は、ご自分が「がんばりすぎ」なのを自覚してくださいね。

そして、「1分メソッド」で正しい姿勢をつくっていきましょう。骨格が整うとワイヤーでの痛みもなくなります。

ブラジャーの「不快感」を我慢しないで

ワイヤーの痛みのもう1つの理由として、**そもそもカップが大きすぎる**ということもあります。

バストの下や脇近くにワイヤーがあたって痛いという方は、本来の胸の位置より外側にブラジャーをしています。バストに沿うはずのワイヤーが、バストから離れた場所にあるため肋骨にあたっているのです。バストの計測をやり直してカップを見直してみてください。

ブラジャーを選ぶポイントとしては、

①カップの幅が合っているもの

②カップのサイズが合っているもの

③アンダーのサイズが合っている（ホックが真ん中で止められる）もの

の順に大切です。

ブラジャーは、小さいバストを大きく見せたり、ない谷間をつくったりするためのものではありません。そういうブラジャーばかり使っていると「ブラジャーは窮屈なもの」と思い込んでしまって、ワイヤーの痛みも当たり前のものと流してしまうようです。

また、試着もせずに購入したブラジャーが、サイズは合うはずなのにしっくりこないというのは、ある意味当然。**同じメーカーの同じサイズであっても、デザインや機能によって着け心地は大きく変わる**からです。

あなたのバストに合っていないブラジャーをしていると、痛い、窮屈、苦しい、かゆい（かゆみは痛みの前駆症状です）などがあらわれます。そんなブラジャーはバストにも自律神経にもマイナスでしかありません。

ブラジャーを着ける意義は女性にとって本当に大きなものです。

ブラジャーによってバストの位置や大きさを「整える」ことで、バストの状態とリンクしている自律神経もまた落ち着き、自律神経の安定はバストの健康度を上げる……と、プラスの相乗効果が生まれるのです。

プラスの効果をもたらしてくれるブラジャーは、着けてから外すまで存在が気になりません。お風呂に入るために服を脱いではじめて「あ」と着けていたことに気がつくくらいで、そんなブラジャーならバストも自律神経もよい状態でいられます。

試着したら服を着てみよう

ショップには試着室がありますから、必ず試着してください。

肩を回したり、腕を上げたり、上半身をひねったり、いろんな動きをして、ストラップが食い込まないか、カップやサイドベルトが動きについてくるか、動きを妨げないか確認しましょう。

カップの上でバストが段になっている、脇のお肉がポコッと段になっているようなら、そのブラジャーは失格。次のブラジャーの試着に移ってください。

動きやお肉の段差をクリアしたブラジャーなら一度服を着てみましょう。

キャリアのある店員さんなら服を着てシルエットを見ることを勧めてくれます。服を着ると胸の形がきれいに出ているかよくわかるからです。

服を着たときバストからウエストまでのラインに不自然な段差がなく、滑らかな一続きになっていること。

そして、最後のチェックポイント。

「バストがふっくらして見える」「着やせして見える」など、「スタイルがよく見える」なら合格です。

コラム

10年ぶりのブラジャーで生理が来た！

とある案件が持ち上がり、50歳の営業職の女性とWeb会議で打ち合わせをすることになりました。お互い打ち解けてきた何度目かの会議でブラジャーの必要性を話していたときです。女性から突然の告白が。

「いつカミングアウトしようか迷っていたんですけど……、実はブラトップなんです」

「ええ、わかってましたよ（笑）」

「えええ！　どうしてですか？」

「失礼に聞こえたらごめんなさいね。画面を通してですが、おでこがかたそうなこと、眉間のシワの入り具合、無意識のようですが歯を噛みしめるときもあるんですよね。それでだいたいバストの状態がわかるんです。服の上から見た形と同じなので、ホールド力のないブラトップだと思っていました」

ブラトップを愛用するようになったのは10年前の出産がきっかけだそうです。卒乳を機に普通のブラジャーに戻ろうと思ったものの、かゆみ・痛みが出て断念したとか。そういう方は結構多いのです。

打ち合わせを通じてブラジャーの必要性を感じてくれたようです。「10年ぶりにブラジャーを購入しました。サイドベルトがしっかり伸びて、ワイヤー入り。きちんと試着をして買って、土砂崩れ止めパッドを入れて着用しています」と報告があったときは、「これで彼女の体調は確実によくなる！」と嬉しくなりました。

女性が10年ぶりにブラジャーを着けてから1週間後のことです。業務連絡メールに「追伸」が添えられていました。その内容が「生理が来ました（驚）」というもの。

更年期で生理が短く少なくなっていたのに、若いときのような日数・量で来たそうで「閉経は受け入れているつもりでしたが、まだ若い、元気だと思えるのは嬉しいことです」と締めくくられていました。

フィットするブラジャーをするだけで自律神経が整ってホルモンバランスの乱れも正されるのです。ブラジャーを変えただけで「生理が戻ってきました」「生理周期が整いました」という方は珍しくありません。

ブラジャーは「眠っていた白雪姫（女性ホルモン）を起こすキス」なのです。

ブラジャーのサイズ、すべて同じにしていませんか

女性の体は女性ホルモンの働きによって大きく変動します。

バストは当然、女性ホルモンの影響を強く受け、その大きさを変化させます。

生理の前後で1カップほど大きさが変わるのですから、全部のブラジャーが同じサイズではバストに窮屈な思いをさせてしまいます。

バストが息苦しいと呼吸が浅くなり、交感神経が優位な興奮状態になります。生理前後のイライラの原因の1つは、サイズが合わないブラジャーだったのです。

生理周期に合わせてブラジャーのサイズを変えるだけで、メンタルが落ち着いて快適に過ごせるようになります。

排卵後は1カップ大きくなる

バストが生理の前後で1カップほど大きさが変わるのは、排卵後に分泌が増えるプ

ロゲステロンの働きによります。
プロゲステロンは妊娠に備えるホルモン。子宮の水分量を増やしてやわらかな着床しやすい状態に整え、同時にバストの水分も増やすのでフワッと大きなバストになります。

乳腺の細胞の間、乳腺の血管のなかの水分量が増えることでサイズアップするのです。このとき水分量はおよそ20％も増加するといわれているので、普段のブラジャーでは窮屈になります。

プロゲステロンの作用によってバストが膨らみ、また元に戻っていく。

排卵後にあらわれる一連のバストの変化を、私は**「バストのアイドリング」**と呼んでいます。母乳がしっかり出るように、バストがアップをはじめるわけです。

アイドリング中のバストはだいたい1カップは大きくなるので、サイズアップに対応できるようにしておきましょう。**生理前後の自律神経の乱れを鎮めるには、ブラジャーが2サイズ必要**なのです。

ホックで合わすのはあり？

ブラジャーにはサイズ調整用のホックがついています。

一番サイズがきつくなる内側、一番大きくなる外側、中間がありますが、内側と外側を比べると4cmほどの差があります。

ホック位置をずらせば、排卵前後のバストのサイズ変化に対応できそうですが、それはやめましょう。

ホック位置が真ん中のときにブラジャーのカップは正しく前を向きます。なかに収まるバストも乳頭が前を向き、もっとも美しい形になるのです。

ホックを内側にすると、カップの上側がゆがんでしまうことがあります。先ほども述べたように、ブラジャーを選ぶ際には、カップが合っていることがなによりも大切。ホックの位置が変わることで、カップが合わなくなってしまっては、元も子もありません。

1つのブラジャーをホックで調整して対応するのではなく、そのとき体に合ったサイズのブラジャーを身に着けることをおすすめします。

ブラジャーにも「使用期限」があります

いま、着けているブラジャーは、いつ買いましたか?
購入時期をきちんと答えられるかどうかは、「老けバスト」化を避けるために重要なところです。

何枚も試着してやっと見つけたピッタリのブラジャーでも、その性能がずっと続くわけではありません。**だいたい１００回着用したら、そのブラジャーとは別れ時。**サイドベルトやストラップが伸びてしまい、ホールド力が低下するからです。

３枚のブラジャーをローテーションで着用しているとしたら、ブラジャー１枚につき１カ月の出動日数は10日。ということは10カ月経過したところでブラジャーの着用回数が１００回に到達しますから、１年足らずで買い換え時期がやってきます。

着用回数が少なくても2年以上経過していたらサイズが合わなくなっている可能性が高いので、こちらも買い換え。

使い込んだブラジャー、昔のブラジャーは、バストにとってプラスになることはまったくない**「ゴミブラ」**です。さっさと処分してしまいましょう。

ブラジャーの選び方で、あなたの価値が決まる

ブラジャー用の洗濯ネットもありますが、ぜひ手洗いをしてください。

ブラジャー本体は洗剤を溶かしたお湯のなかでやさしく振り洗いし、パッドはもみ洗いします。すすぎの水がきれいになったら、タオルで押さえて水分を取り、直射日光を避けて形が崩れないように平干しを。

ブラジャーは複数のパーツが丁寧に縫い合わされてできあがっています。ワイヤー、ストラップを調整するアジャスター、ホックなど布以外のパーツも使われていますから、洗濯機で洗うとパーツの劣化を早めてしまいます。

皆さんにブラジャーの洗濯方法を伝えると、絶対に「面倒くさいよ～」と言われてしまいます。

「じゃあブラジャーを着けたままお風呂に入って、体と一緒に洗っちゃえばいいのよ。簡単でしょ？　大丈夫大丈夫！」

私も面倒くさいのは嫌いで、鍼灸治療でもバストケアでも**「最小限の努力で最大限の効果」**がモットー。

女性の多くが毎日忙しく過ごしていて、自分のことは後回しになってしまうのもよくわかっています。手入れが面倒でブラジャーをしなくなるのは本末転倒ですから、省ける手間は省いていきましょう。

ただ、ブラジャー選びの手間だけは省いてほしくありません。**バストを覆うブラジャーの選び方で、あなたが自分を大事にしているか、雑に扱っているかがわかる**のです。

通販でお手頃価格のブラトップを買う。

フィット感など気にせず、返品が面倒だからそのまま使う。

洗濯は家族の服と一緒に、なんなら乾燥機までかけてしまう。

どうせ安いし。また買えばいいし。

大事にしなくていいし。

――こんなふうにブラジャーを扱っていたとしたら、要注意です。

40歳からあえてパッドをおすすめする理由

老けバストの1つのタイプである「たるみバスト」（69ページ）でも触れましたが、バストの下を支える「土砂崩れ止めパッド」は40歳からは必須です。

年齢とともにバストを支える皮膚の力も弱くなっていきますから、「ブラジャー＋ワイヤー＋パッド」の3つでバストの位置と形をキープしてあげましょう。

パッドには次のようなさまざまな目的があり、目的によって形状が異なります。

・盛りパッド……おすすめ度×

バスト全体を覆う形状をしています。胸全体をふっくらさせる、バストの上をふっくらさせてブラジャーとのすき間を埋めるなどを目的としています。バストを押さえつけてしまうので、どの年代、サイズであってもNG。ただし、胸を短時間〝盛りたい〟場合はOKです。

バストの形をキープするパッドの使い方

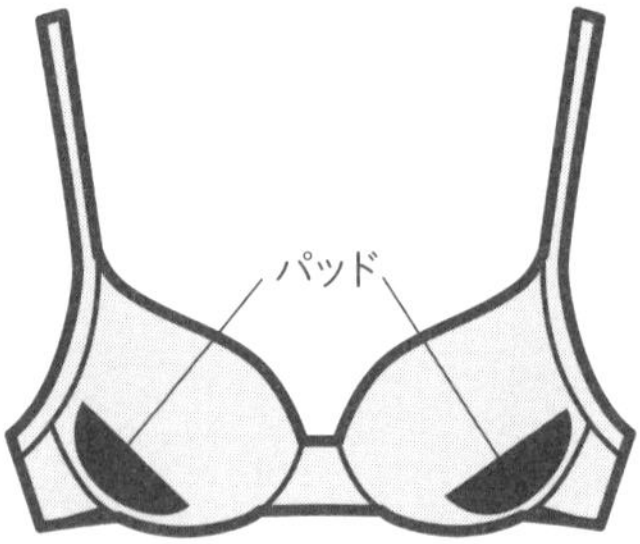

40歳以降は、盛るためではなく、「土砂崩れ止め」としてパッドを使う。その際はバスト全体を覆うタイプではなく、バストの下部に入れるレモン形がおすすめ。

・谷間パッド……おすすめ度△

フットボールのような形状です。バストの横に縦に入れることでバストを寄せて谷間をつくります。谷間づくりというよりも「離れバスト」（59ページ）を整えるためならOKです。

・土砂崩れ止めパッド……おすすめ度○
（40歳からはぜひ）

谷間パッドと同じです。ただ、こちらはブラジャーの下に入れて、バストを支えるために使います。盛りパッドの薄いタイプを半分に畳んで代用できます。

「土砂崩れ止めパッド」を使うときは、パッドの大きさに注意しましょう。バストを

3分の1以上覆うタイプは「盛りパッド」で、土砂崩れを止める作用はありません。「土砂崩れ止めパッド」は、バストを下から支える土嚢《どのう》の役目です。薄くてバストの3分の1以下の小さめのパッドが適しています。

ナイトブラを使うことのメリット

ブラジャーはバストにとっての「親」。

ときどき鬱陶《うっとう》しいときもあるけれど、しっかりと正しい道へと導いてくれる。

ノーブラでは、あっちを向いたり、こっちを向いたり、変にひねくれたり、だらだら締まりがなくなったり。不摂生を重ねた人間と同じで老化も加速します。

ブラジャーによるサポートが必要なのは就寝中も同じです。

バストは夜育つ

ナイトブラの目的は就寝中のバストが横に流れるのを防ぐことですが、きつく締めつけてはいけません。

睡眠中に成長ホルモンが分泌されることから、「バストを育てるチャンス」とばかりに、胸を上げて寄せて谷間をつくる「夜用・拉致監禁ブラ」もありますが、ここまで読んでくださった皆さんなら、決して選ばないと思います。

睡眠は心身の疲れを癒やすなによりの薬ですから、**就寝中に体を緊張させるようなことは御法度**です。良質な睡眠のためには**ナイトブラの素材**にも配慮しましょう。

化学繊維は肌を乾燥させてかゆみを起こすこともありますから、綿やシルクを。

素材やデザインによってはホールド感が多少損なわれることもありますが、睡眠の質を上げることを優先しましょう。朝起きたときにナイトブラのあとがつくようなものは避けてください。

ストラップ部分がグーンと伸びることも大事なポイントです。

ナイトブラはスポーツブラのようにすっぽり被るためストラップの調整ができません。この部分がよく伸びることは着け心地に大きく関わってきます。

いろいろなナイトブラを使用して心地よかったのは一枚布のシームレスタイプでした。縫い目のデコボコがないため肌がこすれて痛くなることがなく、敏感肌の人でも安心です。

もしもに備えてナイトブラはパッド付きを

私がおすすめするナイトブラの最後の条件は「パッド付き」であること。

ナイトブラの目的がバストが横に流れるのを防ぐためだけであれば、パッドは特段必要ありません。

でも、私がナイトブラをおすすめするのはバストの保護のほかに、あなた自身の保護――**「災害対策」**があるのです。

地球の表面は十数枚のプレートで覆われていて、それぞれが少しずつ動き、プレートがぶつかり合って大きな力がかかると地震が発生します。

北米プレート、ユーラシアプレート、フィリピン海プレート、太平洋プレートの4つのプレートにまたがるように日本列島は存在しています。日本が地震大国であることは、逃れようのない事実なのです。

阪神・淡路大震災は1995年の早朝に発生しました。就寝中、命からがら逃げだし、その後、3日間避難所生活を強いられた方は、人目が多いなかノーブラで過ごすのが本当に苦痛だったそうです。

万が一に備えてナイトブラを。そのためのナイトブラは、パジャマの上からバストの形が見えないパッド付きが最適です。

「冷え」がバストを小さくする

「冷え」が美容と健康の大敵であることは、いまや常識となっています。

体温が1度下がると免疫力も低下するといわれていますが、体が冷えているとバストもサイズダウンするのです。

西洋医学では「冷え」そのものを病気とはとらえませんが、**東洋医学では「冷え」は万病の原因であり、「冷え」自体も病と考えています。**よろしくない状態、改善すべき状態なわけです。

体の熱の6割は筋肉で産生されるため、筋肉が少ない女性は男性に比べて「冷えリスク」が高く、たいていの女性が「冷え」を抱えています。

では、あなたの体はどれぐらい冷えているでしょうか？

次の10項目のなかで、いくつ該当しますか？

- □冬だけでなく、手が冷たい
- □クーラーや扇風機の風が苦手
- □朝は頭のスイッチが入りにくい
- □慢性的に、肩こりや腰痛がある
- □慢性的に、運動不足
- □足が冷えて眠れないことがある
- □便秘や下痢を繰り返す
- □お腹が冷たい
- □慢性的に、寝不足
- □食事や睡眠時間などが不規則

1つ1つは些細な事柄ですが、3つ以上該当するようならあなたの体はかなり冷えていて、「万病の原因」を抱え込んでいる状態です。

「冷え」がバストのポテンシャルを妨げる

バストアップの施術で実際にバストに触れると、その方の「バストのポテンシャル」を感じとることができます。

いまは、離れて、縮んで、かたくなっているバストだけど、自律神経とバストの両面からアプローチを進めていけば「2カップは上がりそう」。

ついでに「眉間のシワもゆるむわね」「全身に覇気が満ちてくるはず」と、バスト以外の変化も予測できます。

冷えがひどい方の場合、私の実感ではワンサイズはバストが小さくなっています。裏返せば、**過度な冷えを取り除けばワンサイズは確実に大きくなる**ということ。

まず、体を冷やす原因について考えてみましょう。

こんな生活が体を冷やす

なんといっても問題なのは「**自律神経の乱れ**」。常に交感神経が優位だと、血管が収縮して血液が体のすみずみまで届けられません。

自律神経は生活リズムと深く関わっています。寝不足や不規則な食事時間で崩れることはよく知られていますが、炎天下からエアコンがガンガンにきいた部屋に入る、長時間労働でずっとデスクに座っているといった、「ごく当たり前のこと」でも乱れてしまいます。

「エアコンは控えよう。でも暑い。そうだ、冷たい飲み物で涼しくなろう」

これも「冷え」を悪化させるだけです。

一気に冷やされて胃腸の働きが低下すると、機能を復活させるために血液が胃腸に集中するため、体のほかの場所では血液が不足してしまうのです。

ちなみに食べすぎも「冷え」を起こします。大量の食物を消化吸収するため胃腸に血液が集中し、ほかの場所に血液が回らなくなるからです。ランチのあと急激に眠くなるのは脳の血流が減ったから。食後に眠気に襲われるようなら、毎回「冷え」をつくっているようなものです。

冷えの解消のためには**「運動」**が有効です。「めったに運動しない」「あまり歩かない」生活だと体がどんどん冷えて、バストも縮んでいってしまうので、意識的に全身の筋肉を動かす時間をつくりましょう。

全力で取り組むような運動や、人と競い合う運動で血液を「激流」にする必要はありません。おだやかにゆったりと全身の血流を促進することで、副交感神経も刺激されて自律神経が整い、体も気持ちも温かくなります。

冷えを防ぐインナーの選び方

冷えを改善するためには、心や体にかかるストレスをなるべく軽くしながら、軽い運動で血流を促進していくこと。いずれも、体のなかからのアプローチといえます。外側からのアプローチでは、服やインナーを上手に利用していきましょう。

「3つの首」とお腹を温める

血液が流れる血管は動脈、静脈、毛細血管の3種類です。心臓が押し出した血液を全身に循環させるのが動脈、反対に心臓に戻すのが静脈。動脈や静脈から分岐した毛細血管では、栄養素や老廃物を細胞と交換します。

動脈を温めると体を効率的に温めることができ、冷えの解消になります。とくに血流が多くて太い「拍動」が感じられる動脈を温めましょう。

拍動が感じられる動脈には、浅側頭《せんそくとう》動脈（こめかみ）、総頸《そうけい》動脈（首すじ）、上腕動脈（肘の内側）、橈骨《とうこつ》動脈（手首）、大腿《だいたい》動脈（脚の付け根）、膝窩《しっか》動脈（膝の裏）、後《こう》脛骨《けいこつ》動脈（足首）、足背《そくはい》動脈（足の甲）があります。また、腹部の脂肪や筋肉の少ない方は、腹大《ふくだい》動脈の拍動も感じることができます。

温めるポイントは「3つの首」。そして「お腹」です。

首、手首、足首と太い動脈がある部位を温めながら、体の中心の「お腹」を腹巻きで守れば、効率よくしっかりと全身を温めることができます。

ちょうどいいことに、ショール・マフラー・ネックウォーマー、リストウォーマー、レッグウォーマーと、「3つの首」は温めながらおしゃれ感も出せます。

いずれも素材にはこだわって、綿やシルクなどの天然素材を選びましょう。

薄くて温かくて防寒性の高い「高機能インナー」もありますが、肌から奪った水分で熱が逃げない膜をつくる仕組みのものは肌の乾燥が進んでしまいます。

施術のときに患者さんのお肌を拝見して気づいたのですが、乾燥している方、湿疹《しっしん》、皮膚がポロポロはがれるなどの肌トラブルを抱えている方は、ほぼ「高機能インナー」の愛用者でした。

就寝時の靴下をおすすめしない理由

「靴下は履かないの？」と、温めるポイントに足が入っていないのを不思議に思った方もいるのではないでしょうか。

シルクの靴下、５本指の靴下、血流を妨げないようにゴムをゆるめにしている靴下など、冷え対策の靴下はいろいろあります。日中に活動しているときは履いたほうがいいのですが、就寝時には避けるようにしてください。

赤ちゃんは眠くなると手足がぽかぽかと温かくなってくることはよく知られていますが、これは脳や内臓といった体内深部の温度が下がって、末端に流れる血液の量が増えたためです。

大人も同じで、眠りに入る前、皮膚は血流が増えて温かくなり熱を放出しはじめます。このとき、靴下を履いていると靴下のなかに熱がこもってしまい、足から熱が放出できずに、スムーズに睡眠に移行できなくなるのです。

ただ、どうしても足が冷えて眠れないという方も多いと思います。そのときは、**レッグウォーマー**を試してみてください。

足の冷えにはレッグウォーマーを

脳卒中後の片麻痺の患者さんの往診をしていると、「寝ているときに足がつってつらい」という相談を頻繁に受けます。「つる」とは、筋肉が強く収縮し弛緩しなくなった状態で、飛び上がるほどの激痛が走ります。

ただでさえ高齢者の方は運動不足で筋肉が収縮していることが多いのですが、脳卒中後の患者さんはなおさらで、寝ているときにちょっと姿勢を変えようとしただけで足がつってしまうのです。

冷えによって血液循環が滞っていると筋肉はさらに縮んで、つりやすくなります。

そこでレッグウォーマーでふくらはぎを温めると、ふくらはぎだけでなく足指のつりまで改善されます。

さて、就寝時に体がしっかり眠っていれば尿意も感じないものなのですが、冷えで眠りが浅いとしょっちゅう目が覚めてしまい、そのたびにトイレに行く羽目になります。これが「夜間頻尿」です。

夜間頻尿は「冷え」が原因の1つではあるのですが、だからといって靴下を履いて寝ても一向に改善されません。足からの放熱を妨げると深い眠りに入りにくいからです。

この場合もレッグウォーマーが効果的。靴下をやめてレッグウォーマーで寝るようになってから夜間頻尿がおさまったケースもあります。

ふくらはぎを温めれば、心身共にしっかり休める良質な眠りがもたらされるといえます。足の冷えが強すぎるのなら、靴下を履くのではなく、レッグウォーマーと湯たんぽを併用してみてください。

バストマッサージがいる場合、いらない場合

前にも説明したように、女性ホルモンのプロゲステロンは、子宮やバストの水分量を増やし、やわらかくして妊娠や授乳に向けて整える働きをします。

授乳に向けてアイドリング状態に入ったバストは乳腺を刺激して発達させ、バストは自然に大きくなります。**排卵後に起きるサイズアップとサイズダウンは、バストに**

とって究極のセルフマッサージともいえるものです。

「トリックマッサージ」で閉経後もバストアップ！

ただ、閉経後はプロゲステロンの量が減少し、いずれ欠乏状態になるためアイドリング作用もなくなっていきます。

すると「ああ、もう母乳の準備は不要なのね」と脳が納得してしまい、「バスト内部からの」セルフマッサージがなくなって、バストはサイズダウンしてしぼんでいくのです。

では、閉経後はバストアップできないのかというと、そういうわけではありません。

「まだバストを使うよ～」と勘違いさせるのが**「トリックマッサージ」**（142ページ）です。

母乳の出をよくするためにおこなう「母乳マッサージ」で**乳腺を刺激し、排卵後に起きるバストのアイドリングを人為的につくりだせば、閉経後でもセルフケアでのバストアップは可能**です。

「脳がそんなに簡単にだまされるの？」と思いますよね。だまされるんです！

トリックマッサージ

基本のマッサージ

胸の土台に働きかけるマッサージです。力加減はとにかくソフトに。筋肉に力が入っていると効果が出ないので、マッサージする側の反対の手を使って行いましょう。

〈 横向き 〉

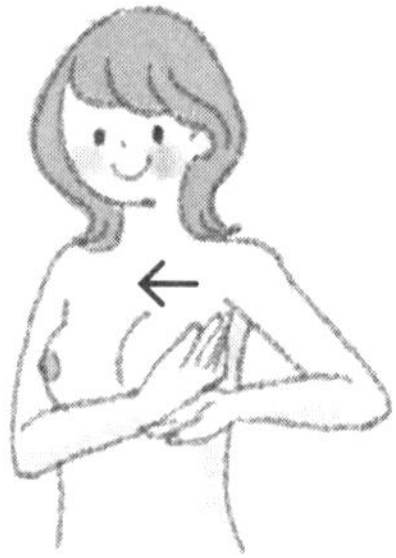

① 右手で左胸を横向きにつかむように保護する。

② 左手のひらの付け根を右手の指先あたりに置く。

③ 右方向（横）に胸を動かす。

〈 斜め 〉

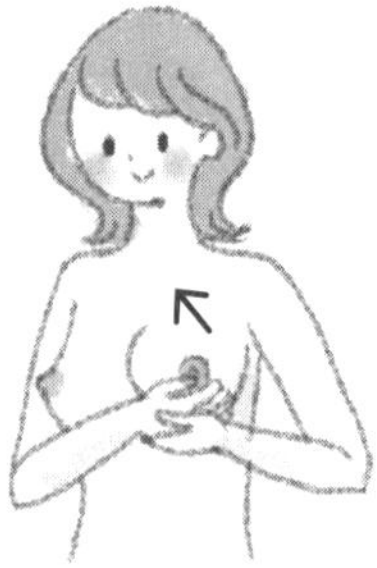

① 右手を左胸の外側の下あたりに添える。

② 左手で右手を支える。

③ 右肩方向（斜め上）に胸を動かす。

〈 縦向き 〉

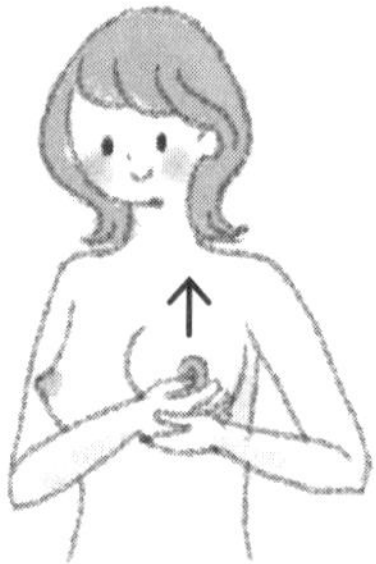

① 右手を左胸の下側に、小指が沿うように添える。

② 左手で右手を支える。

③ 真上（縦方向）に胸を動かす。

＊反対側の胸も同様に行う。

トリックマッサージ

乳頭のマッサージ

さらにバストアップ効果を期待したい方に。とくに40代以上、閉経後の方におすすめです。基本のマッサージ同様、マッサージする側の反対の手を使います。

①

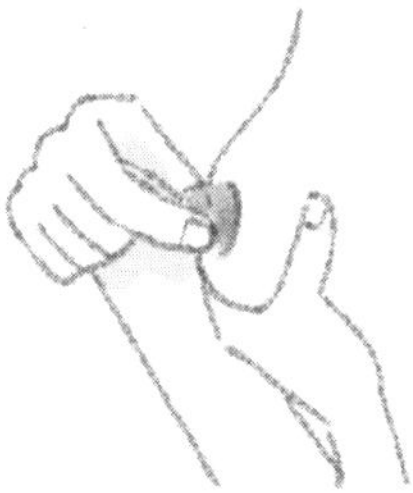

左胸に左手を添え、右手で親指・人差し指・中指で乳頭と乳輪部をやさしくつまむ。

②

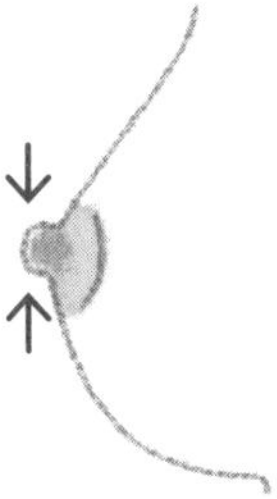

3秒くらいかけて少しずつ圧をかけていき、位置や方向を変えて1分ほど圧迫する。

③

〈 横方向 〉

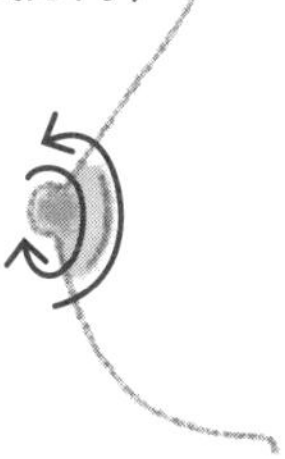

軽くつまみながら横方向にもみずらす。

④

〈 前方向 〉

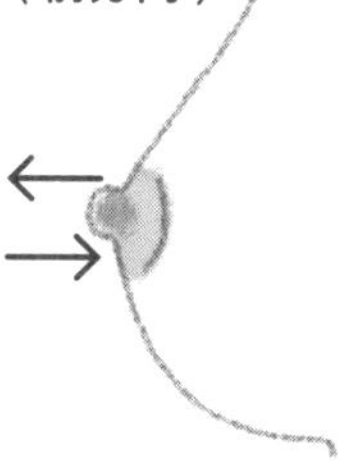

軽くつまみながら前方向にもみずらす。

＊反対側の胸も同様に行う。
また、清潔な手で行うこと。

例えば右の肩に激痛があるとき、あえて左の肩にきつい刺激を感じる鍼を打つことがあります。

緊張で収縮している患部に鍼を打っても効果は出ません。患部である右肩の筋肉をゆるめるために、左肩に強い刺激を与えると、脳は「痛みが左肩に移った」と勘違いして右肩の筋肉がゆるむのです。

セルフマッサージは力加減がポイント

マッサージの目的は「筋肉をゆるめること」にあります。「伸びて縮む」、それが自分でできる柔軟な筋肉なら、マッサージでゆるめる必要はないのです。

固まった筋肉をほぐすためには、**マッサージのときに筋肉が緊張していてはいけません。**「脱力」する必要があります。

ところが、自分でマッサージをしようとすると、マッサージをする腕はもちろんですが、動きに連動してもまれる部位にも力が入ってしまいます。

また、なぜか「痛いと効く」という勘違いをしている方が多いため、バストでもウエストでも顔でも、グイグイと力を入れてしまいがちです。

痛みは交感神経を優位にするので、ますます筋肉は緊張してかたく縮んでしまい、マッサージの目的はまったく果たせません。これでは、バストはかえって小さくなり、痛みで全身もヘトヘトです。

マッサージの力加減はやさしくやさしく。

ただし、熟した桃の表面を傷つけないようにそーっとなぞるような調子では弱すぎです。一番近いのが「生の鶏肉の皮を伸ばすときの強さ」。よれた鶏皮を肉に沿わすようなソフトな力加減が理想です。

保湿のためにボディクリームは必要？

実は私は、セルフマッサージはあまりおすすめしていません。

前述のように自分でマッサージをしようとすると、どうしても体に力が入ってしまうからです。また、力加減を間違えてかえって筋肉を痛めることもあります。

マッサージは脱力状態でこそ効果があるのです。究極の脱力状態は「眠っている状態」ですから、施術室に流れる音楽、室温・湿度、照明は、すべて「眠くなる」を基準に選んでいます。「寝落ち」した方は筋肉の緊張がとれて、施術の浸透具合が格段によくなるのです。

ただ、バストの皮膚のハリと潤いを保つ、**「保湿のついでのマッサージ」**を行うのはいいと思います。

こちらはご自身で行っても効果は十分得られます。手を動かすと連動して胸の筋肉はどうしても緊張してしまいますが、皮膚ならそんなことはありません。バストの皮膚がほぐれないとか、皮膚が縮むといったことはないからです。

入浴後、顔に化粧水やクリームを塗るとき首まで伸ばす方は多いと思いますが、その先のバストにも一緒に塗ってあげてください。顔・首のついでにケアすると、すんなり習慣化できます。

顔や首と同じ調子で、やさしくバストにも化粧水や乳液を伸ばしていきます。デコルテ、バスト全体、バストを持ち上げて下側にも。上に上げたいなら上へ、寄せたいなら内側へとマッサージしましょう。

また、次のような方は、お顔とセットのバストケアがぜひ必要です。

□老けバストタイプのうち「下がりバスト」「縮みバスト」「たるみバスト」の人

□胸が大きい　□胸が下がっている　□もち肌　□乾燥肌

重みや乾燥で皮膚は薄くデリケートな状態になっています。しっかり保湿ケアをしてあげてください。

ボディ用ではなく「フェイス用」でお手入れを

バストは顔？　体？

お手入れに選ぶのはボディ用かフェイス用か迷うかもしれません。

では、足の脛《すね》とお顔、肌の状態がバストに近いのはどちら？

足の脛とバストは、環境が大きく違いますよね。同じものを塗るのは抵抗があると思います。

お顔と同時にバストの保湿ケアをおすすめするのは、**バストにもフェイス用のものを使ってほしい**からです。

ボディ用のクリームはどれも油分が強め。毛穴をふさいでしまうと、バストの皮膚の健康が損なわれ、バストを支える力が弱くなって、「下がり・縮み・たるみバスト」を加速させてしまいます。

ただし、フェイス用のもので乳輪部分までケアする場合は、ノンアルコールのものを使うようにしてください。

湯船につかるとバストが喜ぶ

日本人は長寿として知られていますが、そのことは研究者にとっては不思議な現象でもありました。ほかの国と比べ、長時間労働、恒常的な睡眠不足、高い喫煙率など、お世辞にも健康的とはいえない条件が揃っているからです。

ただ、そうした悪条件を吹き飛ばす「よい習慣」が日本にはありました。日本人の健康の秘訣が、実は身近な暮らしの習慣にあるということがわかってきたのです。

千葉大学が要介護認定を受けていない65歳以上の男女1万3786人を3年間にわ

たって追跡調査したところ、**お風呂に入ると健康になる**ことがわかりました。

1週間に7回（つまり毎日ですね）湯船につかって入浴する高齢者は、週2回以下の高齢者と比べて介護認定リスクが約3割も減少したそうです。入浴習慣と老けバストを調査してもきっと相関関係が証明されるでしょう。

日本人は体の汚れだけでなく、不健康要因もお風呂で流していたのです。入浴習慣が日本人の健康に寄与しているのは間違いないといえます。

入浴すると体のなかでは、どのような健康作用が引き起こされるのでしょうか？

湯船にゆっくりつかると血管が拡張して血流が促進され、老廃物や疲労物質が取り除かれる効果があります。

いわゆる「血液サラサラ効果」です。それによって、次のような効能が得られます。

□副交感神経が優位になり体の修復が進む　□新陳代謝が活性化する

□筋肉がゆるむ。関節の緊張がとれる（痛みの緩和）

□疲労回復　□水圧がかかってむくみが解消する

□浮力を利用して関節に負担をかけずに軽い運動が可能になる

老けバスト対策には「湯船」が必須

日本人がお風呂好きなのは、かたくて縮みやすい筋肉の質も関係しているのではないかと思っています。

欧米で部屋を借りようとするとバスタブがないことも珍しくありません。生まれつき筋肉がやわらかい彼らは、ゆっくりお湯につかって筋肉のこわばりをとる必要がないのでしょう。

欧米人に比べて筋肉がかたい日本人は筋肉のこわばりも強く出るので、緊張をとるため湯船でじんわり温まりたいのです。

バストの下にある大胸筋が縮むと、バストは一気に老けてしまいます。湯船でゆっくりバストの下の大胸筋まで温めて、「老けバスト」を予防・改善しましょう

バストは「眠っている間」に若返る

自律神経を整えて元気なバストをつくるために絶対に必要なこと、それは「良質な

睡眠」です。入浴をうまく活用して睡眠の質を上げましょう。

40度程度のぬるめのお湯で副交感神経を優位にしながら体をじっくり温めます。人間は体内深部の温度が下がると眠気を催すので、いったんお風呂で体温を上げて、下がりはじめるタイミングで布団に入っていると、スーッと寝つくことができるのです。

睡眠の質の低下の犯人は「枕」ではなかった！

40代になると、寝つきが悪くなった、眠りが浅くなった、起きたときに首や肩に痛みがある、という症状があらわれます。

たいていの方は枕が合わなくなったことが原因と考えるようですが、本当の理由は「自律神経の乱れ」にあります。枕に違和感を抱くようになったら、バストの老化もはじまっていると考えてください。

日中に交感神経がずっと優位な状態では、就寝中も完全にリラックスできず緊張が続いています。すると寝返りの回数が減ってしまうので、極端な話、布団に入ったときと同じ姿勢のまま朝を迎えることになるのです。

体を休めるはずの睡眠中にかえってこわばりを悪化させている状態。さらにかための枕を使用していると、こわばりは悪化します。

「枕が合わない」というのは、自律神経が乱れているサインの1つです。枕を含めて睡眠をとりまく環境を見直しましょう。

「寝ながらスマホ」は本当の睡眠にならない

枕はなるべくやわらかで幅の広いものがいいでしょう。寝返りをうちやすく、ゴロゴロ移動しても枕から頭が落ちません。

枕を整えたら寝室の温度設定にも気をつけましょう。

現代の日本の夏は、ほとんどの地域がエアコン必須です。暑さで寝苦しいと感じる段階で、もはや睡眠の質は低下しています。

夏の寝室にはぜひエアコンを。冷えると感じるようなら室温を上げるのではなく、布団を厚くするなどして調節してください。ちなみに私は室温を下げ、夏でも冬用の布団を使っています。

温度調整が難しいのは冬も一緒です。エアコンは室内の乾燥を、電気毛布は体の乾燥を進めてしまうので「湯たんぽ」を使いましょう。湯たんぽを布団の足下に仕込むと布団内部がじんわりぬくもり、乾燥を引き起こすことはありません。

足下など末端が温まると、それに呼応して体内深部の温度が下がり、眠りに入りやすい状態になります。

さて、せっかく枕や温度に気をつかっても、布団のなかでスマホを見ては台無しです。スマホ、パソコン、タブレットの画面は交感神経を優位にし、そのまま寝落ちしてもなかなか副交感神経が優位にならないので、「寝ているのに起きている」非常に不自然な状態になるのです。

「運動しすぎ」は男性ホルモンを増やす!?

ハードな運動をすると、男性ホルモンのテストステロンの分泌が増えることがわかっています。厳しいトレーニングを重ねた女性アスリートは、テストステロンの影響で体形がマッチョになり生理が止まることも珍しくありません。

40代以上の女性は更年期で女性ホルモンが減少することに加え、家庭や仕事を回すため一刻一刻を戦闘モードで過ごしているのですから、必然的に男性ホルモンが多くなっています。

このうえさらにハードな運動をすると、テストステロンの生成が進み、男性並みのごっついヒゲが顎にニョキッとはえてきたりします。

このような人でも、バストケアを進めてバストがふっくらしてくるとヒゲも消えていきます。女性ホルモンのエストロゲンが増えるからです。女性たちの顎ヒゲは何本も発見しましたが、皆さん、バストが若返ると顎もつるつるになりました。

おすすめの運動は「有酸素運動」と「笑うこと」

更年期以降の女性、「老けバスト」を改善したい女性がガンガン取り組んではいけないのは「無酸素運動」です。

短距離走や筋力トレーニングなどの無酸素運動は、短時間で大きな負荷を筋肉にかける運動で、筋肉はどんどんかたくなっていきます。

反対に、**水泳、ジョギング、ウォーキングなどの「有酸素運動」**は、無理なく長時間続けられ、筋肉をやわらかくしてくれます。

酸素をたくさん体に取り込む運動で筋肉がやわらかくなると、縮んだ筋肉が原因の姿勢の悪さも改善されていきます。

お手軽で効果バツグンの有酸素運動は、「笑うこと」。

腹筋を使って大笑いすると、上半身と下半身をつなぐ「腸腰筋」を鍛えることができます。 腸腰筋はインナーマッスルといって体の深い部分にあるので、ハードなトレーニングをしないと鍛えられないのですが、笑うとすごくよく動いてくれるのです。

笑うと表情筋もよく動きます。笑いジワを気にするのはナンセンスで、笑うことで表情筋のエクササイズとなり、眉間のシワやおでこのシワなど不機嫌顔をつくるシワが薄くなっていきます。

また、「笑うこと」で脳が刺激を受けると、ナチュラルキラー細胞を活性化させる物質がさかんに生成されるようになります。ウイルス、病原菌、がん細胞を攻撃するナチュラルキラー細胞が活発に働くようになると、病気に強い体になれるのです。

もちろん、バストにも好影響。

笑うと気分がスッキリしますよね？ 副交感神経が働いて気持ちがほどけていきますから、ストレスで縮んだバストもやわらかくゆるんできます。

「何を食べるか」よりも「どう食べるか」が大事

私が食事で選ぶのは「地元のもの・旬のもの・おいしいと感じるもの」。

反対に**避けているのは、体を冷やす「常温以下のもの」**です。

至って普通ですが「普通」で十分。毎日のことですからコストや手間がかかるようでは負担になってしまいます。

多少、気をつかうことといえば、夏は体の熱を冷ます葉物、冬は体を温める根菜を多くとるということくらいでしょうか。体が欲しているのでしょう。食べると「おいしい」と感じます。

「極端」がいけない

食事で気をつけてほしいのは、暴飲暴食、激辛、糖分過剰、カロリー過多など、「極端」なことです。手間暇かけてお金をかけた健康志向であっても、あまりにも

「極端」だと結果的にはプラスになりません。

ニューヨークでセレブのプライベートシェフをしている知人によると、セレブの間で大人気といわれるヴィーガンも、継続できる人とそうでない人がいるといいます。

ベジタリアンがさらに先鋭化したヴィーガンは、卵や乳製品、ハチミツも口にしません。人体組織を生成するタンパク質、血液を健康に保つ鉄分、エネルギー源となる脂質などが不足しがちなため、これらの栄養素も上手に取りながら続けるのは簡単なことではありません。そこで近年では、「プラントベース（植物由来のものをベースにした食事）」といって、ヴィーガンに肉や魚を加えることを、たまにならよしとする食事療法も出てきているそうです。

極端といえば「過度な飲酒」もNGです。適度な飲酒はよいのですが、**飲みすぎると血管は必ず収縮してしまいます。**冷えたビールは胃に沁みておいしいものですが、当然体を冷やします。常温でもおいしく味わえるお酒を「ほろ酔い」くらいが、バストにいい飲み方。血流もよくなりリラックス効果も得られます。

言うまでもないと思いますが、**喫煙は絶対にダメ**です。体にとって1つもいいことはありません。「タバコを吸うとリラックスできる」というのはまったくの気のせい。

ニコチンの作用で血管が収縮して血流が悪くなり、交感神経が優位の緊張状態、体は興奮状態になるのです。

血流が滞ると体の老化が加速します。バストケアをするのなら、まず禁煙から。喫煙は、バストはもちろん、肌や内臓の健康と若さを損なうだけなのです。

幸せな食事にするスイッチは「感謝の気持ち」

「食」は健康の基本ですから、皆さんの関心も高く、食事に関する質問をたびたび受けます。前述のように答えますが、最後に必ずつけ加えるひと言があります。

「楽しく食べてね」

これに尽きます。

打ち合わせを兼ねたランチミーティングで食事が喉を通らなかったとか、取引先との接待で無理して食べたら胃の具合が悪くなったというのは、交感神経が優位な状態で食事をしているから。

「食事」と「緊張」とは相容れないもの。**消化吸収は副交感神経の領域**なのです。

食事のときには交感神経から副交感神経へと切り替えましょう。そのスイッチとなるのが、ありがたいという「感謝の気持ち」です。

あり合わせの簡単な料理であっても、昨日の晩ご飯の残りであっても、「感謝の気持ち」をプラスするだけで、心身にとって本当の栄養になる幸せな食事になります。

女性ホルモンの「自家発電」のすすめ

ホルモンは体の働きを調節するためのものです。生理がきちんと来るのも（乱れるのも）、バストがふわふわなのも（老けバストなのも）、ホルモンの働きによります。

さて、腎臓の上にある副腎から分泌される**「副腎皮質ホルモン（ステロイドホルモン）」**は、血液によって脳、肺、心臓、そして皮膚とほぼ全身に作用します。

その副腎皮質ホルモンと自己肯定感のつながりを実感する出来事がありました。

自己肯定感が低いと肌からハリが消える

更年期に入りかけの頃、突然、私は全身の激しいかゆみに襲われました。温まるとよけいにかゆみが出るので布団で寝ることもできません。

慌てて皮膚科に駆け込んだところ、処方されたのがステロイド剤です。副腎皮質ホルモンをベースに合成された薬で、炎症を抑える作用があります。

早速使用するとかゆみはすぐに消失し、念のため飲み薬と塗り薬を使い続けると、3日目には肌がとてつもなくプルプルふっくらするではないですか！

私史上最高の肌質をうっとりさすっていたら、自己肯定感が低いと肌の状態が悪くなる理由がストンと理解できました。

副腎皮質ホルモンは、ほぼ全身で必要とされるホルモンです。

人間、生きていれば必ず体のどこかに炎症が発生し、炎症が激しいところほど副腎皮質ホルモンを欲します。

人体でもっとも炎症が激しい臓器といえば「脳」です。脳はストレスによって炎症を起こすことがわかっています。脳に炎症が起これば、連鎖して体のどこかに炎症が起きます。**ストレス過多の生活では副腎皮質ホルモンが体の炎症を鎮めるためにどんどん消費されてしまうため、皮膚には回ってこなくなる**のです。

女性たちに施術をしていると感じることですが、自己肯定感の低い方は例外なく強いストレスを抱えています。副腎皮質ホルモンが回ってこない肌は、当然元気がありません。「老けバスト」化も進んでいます。

だからといって強力な作用を持つステロイド剤を使用すれば、肌はきれいになって問題解決かというと、そうではありません。根本的な問題である体での消費量を減らすこと、つまりストレスを軽減するように生活を変えていきましょう。

サプリメントに頼る前に見直したいこと

長期的にステロイド剤を内服すると体内で副腎皮質ホルモンが分泌できなくなることはよく知られています。外部から調達できると「製造の必要なし」と体が判断して、自ら分泌できなくなるのです。

女性ホルモンも同様です。女性ホルモンを増やすと謳ったサプリメントは簡単に手に入りますが、**サプリメントに頼るよりも、納豆や豆乳など自然のものでおだやかに補充する**くらいで十分だと思っています。

更年期で極端に女性ホルモンが減って生活に支障が出るようであれば、そのときは速やかに婦人科へ。ドクターの指示に従って、症状に応じた治療を進めてください。

私自身、更年期由来の肌の激しいかゆみを止めるためステロイド剤を使いましたが、肌のあまりの激変ぶりがだんだん不安になっていきました。女性ホルモンがかなり減っていることが検査でわかってからは、ステロイド剤はやめてホルモン補充療法へと移行したという経緯があります。

本当に女性ホルモンが減っているか把握しないまま、自己判断でサプリメントに頼ってしまうと、女性ホルモン過多に陥ってしまう危険もあります。多すぎる女性ホルモンは不正出血や生理不順を引き起こすほか、乳がんや子宮体がんリスクをも上昇させてしまうのです。

伝説のセクシー男優の強烈なフェロモン効果

だいぶ前のことですが、知人から加藤鷹《かとうたか》さんのトークショーへのお誘いがありました。加藤鷹さんといえば女優さんからの圧倒的支持を得て、26年以上もの長きにわたってアダルトビデオに出演した伝説のセクシー男優です。

トークショー後にはお食事会もあるということで、どうしても確かめたいことがあった私は友人5人と連れだって、そちらにも参加することにしました。

当時の私はバストケアと自律神経のつながりから派生して、神経系・内分泌系・免疫系の関係などを新たに学び直し、文献を読みあさっている時期でした。

その流れで「フェロモン」について調べているとき、とある論文で見つけた「フェロモンは頭のてっぺんから出る」という一文が、ずっと気になっていたのです。

どうにかして真偽を確認する術《すべ》はないかと考えていたタイミングで飛び込んできた「加藤鷹さんのトークショー＆食事会」。参加しない手はありません。

サービス精神旺盛な鷹さんは食事会でもいろんなお話をしてくれたうえに、「頭のてっぺんの匂いをかがせてください！」という突拍子もない私のお願いも「恥ずかしいけど、少しだけなら」と快諾してくださいました。

鷹さんの頭のてっぺんから立ち上る「フェロモン」はというと、グリーン系とフローラル系が絶妙にブレンドされた香りでした。新緑を思わせる爽やかさと、芳醇な花の香りを併せ持つ、なんとも心地よい香りだったのです。

私の感想を聞いたまわりの人は、我も我もとかがせてもらったのですが、にこやかに対応してくださった鷹さんのジェントルマンぶりとフェロモンの香りに皆うっとり。

参加した友人は20～40歳代。帰り道は鷹さんの素敵ぶりに大興奮です。

「もし、鷹さんに誘われたらどうする？」
「絶対に行く！」
「どんなデートしようか」
「やっぱりドライブよね」

鷹さんのフェロモンを存分に浴びて、疑似恋愛までイメージし、高揚感に包まれてその日を終えた私たちでした。

その翌日。なんと、5人中3人に生理が来たのです！

私もその1人。あの頃は更年期真っ只中で生理が途切れている頃でしたが、鷹さん効果で女性ホルモンがグッと上がったわけです。

女性の体は複雑ですが、とても素直。強い印象を脳が受けただけでも、実体験がなくイメージだけでも、素直に受け止めて反応してくれるのです。この章で紹介した「トリックマッサージ」も、女性の体の「素直さ」を利用したものです。

女性ホルモンは自家発電できます。**サプリメントをとるより恋愛をしたほうがよっぽど女性ホルモン力はアップします。**疑似恋愛でも十分。推し活なんかうってつけです。女性として気持ちが燃え上がるだけで、女性ホルモンがバッと放出されますよ。

第4章

40歳からの「バストの反抗期」の乗り越え方

「老けバスト」はがんばりすぎのサイン

多種多様な環境で過ごしている現代の女性ですが、更年期世代の女性はとにかく「がんばっている」方が多いといえます。

お子さんの進路の問題で悩むことも多いでしょう。子育てが一段落して再就職のための活動をはじめる方もいるでしょう。その一方で介護の問題もちらつきはじめます。独身でバリバリ仕事をしている方は、部下もいるでしょうし責任が増していく状況です。

これだけでも「ハードだなあ」と思いますよね。さらにそこに「更年期」が覆いかぶさってくるのですから大ごとです。

逃げられない現状と、逃げられない更年期。

ダブルで受け止めなくてはいけないのが40代以上の女性なのです。

ここまで読んで、**「同年代の皆はがんばってるんだ。私ももっとがんばらなくちゃ」**

と思っていませんか？
その考えは改めましょう。

人の「がんばり話」を聞いて、「私ももっとがんばらねば」と自分に発破をかける方。

「よくがんばってるね」と労われると「いいえ、○○さんのほうが大変ですよ」と謙遜する方。

このタイプの女性は、確実に「老けバスト」になります。

バストケアもがんばりすぎは禁物

プロのアスリートは、トレーニングとリカバリーをワンセットにしています。プロのバレエダンサーである息子は、ハードなレッスンを終えると必ず1時間以内に食事をとって消費されたアミノ酸を補っています。

ジョギングやテニスなどハードにスポーツをしている人が結構風邪をひきやすかったりしますが、それはきちんとリカバリーをとっていないから。

更年期は女性の人生のなかで「リカバリー期」にあたります。つまり、休むべきときなのです。でも、なかなか休める状況にありません。そんな状況、よくわかります。私もそうでしたから。

体は休みたいけど休める状況にない。更年期の体の声を無視して猛進するのですから、交感神経が圧倒的に優位になるのは当然です。

血流の低下や筋肉の緊張に本人は気がついていませんが、バストは敏感に反応します。「離れバスト」になって、しぼんでいくのです。

ふと自分の「老けバスト」に気がついて慌ててケアをはじめますが、なんでも一生懸命になるタイプは、バストケアでさえ一生懸命がんばって取り組んでしまいます。「大きくなれ、大きくなれ」とせっせとバストマッサージをしたり、サプリメントをとったり、筋トレに励んだり。必死になるあまり、どんどん交感神経が優位になってしまっては、育つバストも育ちません。

バストケアは、皮肉なことにがんばればがんばるほど結果が遠のいてしまいます。

そんな女性たちに私がかける言葉は「落ち着いて」。

あせらなくていいのです。ゆっくりでいいのです。

そして、笑って。

ほどよく一生懸命なら引き締まったいい表情。一生懸命がすぎるとこわい顔。人は笑顔のときは気持ちも大らか。しゃかりきにはなりません。落ち着いて、笑顔で進んでいきましょう。

ストレスだって「塵も積もれば山となる」

私が病院勤務から独立して女性専用の治療院を開業したのは40歳のとき。

女性だけを専門に施術していくと女性ホルモンへの知見が増えていきます。女性ホルモンと自律神経とのつながりを臨床で確認していくうちに、パニック障害の治療にも力を入れるようになりました。

実は私自身、40代の終わりに突然パニック障害になった過去があります。心理カウンセラーの資格も取得していましたが、まさか自分がなるとは思ってもいませんでした。

施術した患者さんのうち、パニック障害で休職を余儀なくされた方で、10回以上来院された場合の復職率は１００％。家から一歩も出られなかったのにアルバイトをはじめた方もいます。鍼灸師としての知識だけでなく、かつてパニック障害だった者として、患者さんの心身の状態を深いところで理解できるのではないかと思っています。

パニック障害と発症までの経過がよく似ているのが、腰痛です。

パニック障害も腰痛も、「原因はなに?」と伺ったとき、「身内が亡くなって」「引っ越しで重い荷物を運んだ」と、明確に理由を答えられる方は2割ほど。ほとんどの方が「わからない」と答えるのです。

お体を拝見した私には「昨日今日にはじまったことではないぞ」とわかるのですが、ご本人は長く負担を受けてきた自覚がまったくありません。

バストも同じです。

施術で形やハリを確認すると「本当のバスト」が見えてきます。

「本当はCカップはあるはずなのに、なんでAカップなの?」

「なんでかなあ」「最近、忙しいからかも」「いつの間にかこうなっていて」

と、やっぱり曖昧なお返事ばかりが返ってきます。

「ラクダの背骨を折るのは最後の藁《わら》だ（It is the last straw that breaks the camel's back.)」という英語の諺《ことわざ》があります。ラクダの背中にどんどん荷物を積んでいき、まだ大丈夫だろうと最後に載せた1本の藁で、重さに耐えられずにラクダの背骨が砕けてしまった、という話です。

何を大げさなと思わないでください。**気づかぬうちに積もり積もったストレスは、最後の最後には、ほんのわずかなことで限界点を超えてしまう**のです。

同じく英語に「炭鉱のカナリア（like a canary in a coal mine）」という表現があります。かつて炭鉱に入るときは有毒ガス検知のためにカナリアのカゴを持って行ったそうです。カナリアがさえずりをやめたら有毒ガス発生のサイン。見えない危機を教えてくれるのが「炭鉱のカナリア」の役目でした。

心身の状態を敏感に察知して変化する女性のバストは、炭鉱のカナリアと同じです。最後の藁で背骨が砕かれる前に、バストからのサインをしっかり受け止めてください。**バストはあなたの心と体の代弁者**なのです。

「冷え」がつくられる季節は冬ではなかった！

パニック障害の患者さんは、6月と10月にどっと増える傾向があります。

年々、猛暑がひどくなり暑さが長引くようになってきたので多少のズレはありますが、概《おおむ》ね6月と10月と思ってください。

6月には軽度の患者さんが増え、夏にはいったん落ち着きます。その後、10月から12月にかけて深刻なパニック障害やうつの患者さんが急に増えるのです。

うつの患者さんのなかには、前駆症状としてパニック障害を発症する方がいます。6月にパニック障害が出て、だましだまし過ごしていたものの10月以降にとうとう限界点が来るというパターンです。

一連の流れをつくる原因の1つが「冷え」。体が着々と「冷え」ていくのが「暑い夏」なのです。

気温が高くなると暑さに対抗するため交感神経が優位になります。

暑くなりはじめる6月と暑さをたっぷり受けたあとの10月は常に興奮状態にあるため、血管が恒常的に収縮して血流が悪くなり「冷え」が蓄積されるのです。それに加えて、体を冷やすエアコンや冷たい飲料などマイナス因子も揃っています。

生物にはホメオスタシス（恒常性）といって体内の状態を一定に保とうとする機能があります。**手足や内臓が冷えると元に戻そうと働きますが、夏の間に何度も繰り返**

すと、自律神経は乱れ内臓疲労も蓄積していきます。

夏が終わった頃にバストがサイズダウンしていたら、体が冷えていることのあらわれ。暑さによる疲れが体に蓄積されているので用心してください。

コラム

アラフィフを直撃したパニック障害

私は49歳のある日、突然、本当に突然、パソコンで調べ物をしている最中に強烈な背中の痛みに襲われ、呼吸もままならない状態に陥りました。

それがパニック障害のはじまりでした。

あれは母の病気が発覚した頃のことで、母に頼りきっていた私はにわかに突きつけられた現実に混乱していました。居ても立ってもいられず母の病気について調べまくっていた、まさにそのときの出来事だったのです。

仕事も子育ても忙しいときでした。患者さんに触れるたびに新たなテーマや関心事が浮かんできて、時間を捻出して深掘りしていく毎日でした。

「元気」という漢字は「元の気」という意味ですが、私は生まれつき体が弱く、幼い頃に命の危機に瀕したことが2回あり、「元の気」はそれほど高くありません。だからこそ人の「元気」に関わる鍼灸師の仕事についたところがあります。「元の気」が低いことは自覚していましたが「知りたい」と思うともう止められないのです。鍼灸に関すること、患者さんの健康に関わることは徹底して調べないと気がすまないので時間がいくらあっても足りませんでした。

無理に無理を重ねているとき、母の病気という一撃で決壊した結果のパニック障害だったのだと思います。

「頼ること」は悪いことじゃない

自分自身で鍼を打ってパニック障害の治療をはじめながら、安定剤も処方してもらいました。独立前に勤務していた病院で多くの患者さんや医療者と接して、安定剤の利用が近道だと知っていたからです。

治療院にいらっしゃる患者さんは薬に抵抗がある方も少なくありませんが、私は薬の意義についてこんなたとえ話をします。

パニック障害の患者さんは嵐に直撃された「家」そのもの。飛来物で窓は割れ、いまにも屋根まで飛ばされそうです。

患者さんは家（体）を修理してくれといってきますが、嵐（パニック発作）が止まなくては修理をしても意味がありません。

嵐を防ぎながら家の修理を進めていくために、家のまわりにバリアを張る必要があります。そのバリアとなるのが「薬」です。薬（バリア）でパニック発作（嵐）を抑えながら、鍼で体をケアしていきます。

もう1つ、パニック障害の患者さんに伝えるのが「人に頼る」ことの大事さ。カウンセリングでは一番最初に「頼れる人はいるのか」「悩みを聞いてくれる人はいるのか」をたずねます。そのことで、「人に頼ってもいいんだ」と気づいてもらいたいのです。

不安な時間が少しでも早く終わりますように。安心して過ごせる日常が戻ってきますように。そう願いながら施術をしています。

感情を退化させると、体も退化する!?

「喜怒哀楽は神様からの贈り物」だと私は思っています。

あまりにも忙しい日々が続くと、感情を差し挟むことなく目の前のことを次々処理するだけになってしまいます。

治療院を開業した当時、2人の子どももまだ小さく、とにかく猛烈に忙しい日々を送っていました。ストレスを感じるヒマもありません。泣いた笑ったと感情を反応させる余裕もないような毎日だったのです。

そんなある日、テレビで高齢夫婦の心中という痛ましいニュースを知りました。

いまこの文章を書いていても涙が出てくるくらいで、あのときの私も胸が締め付けられて涙が出る……と思ったら、まったく出ない！

涙腺はキューッと痛むのですが、肝心の涙は1滴も出ません。がんばって泣こうとしても、涙はじんわりとにじむ程度。涙腺が詰まりかけていたようです。どうりでドライアイがひどいわけだと納得しつつ、あえて泣ける映画を見て「涙腺のリハビリ」に努め涙腺を復活させました。

やたらと感情の振り幅が大きいのも疲れてしまいますが、「感情」も動かさないと退化してしまい、それは体にもあらわれます。涙腺が詰まったり笑い方を忘れたりしてしまうのです。

「怒り」の上手な手放し方

喜怒哀楽の「怒」はなるべくなら感じたくないものだとは思います。でも、「怒り」も大事な感情の1つです。抑えつけるのではなく、かといって爆発させるのでもなく、うまく処理する方法を覚えましょう。

脳の性質をうまく利用することで、怒りをスマートに処理できます。

脳の表面部分の大脳新皮質《だいのうしんひしつ》は思考に、内側にある大脳辺縁系《だいのうへんえんけい》は感情に関わっています。怒りの感情をストレートに出すと社会生活はやりにくくなりますから、大脳辺縁系が「怒った」ら大脳新皮質が「まあまあ」となだめるわけです。このとき、行き場を失った「怒り」を抱え込むことでストレスが生じるのです。

脳は役割分担をして精密に動いている一方、非常にだまされやすいところもありますから、「怒り」を発散したと思い込ませましょう。

海や山で大声で叫んでもいいですし、バッティングセンターでぶんぶんバットを振り回してもいいのです。なんなら怒りの対象に妄想のなかで「ばーか！」と言ってみましょう。妄想でなら相手を小突きまわしても問題ありません。

なんらかの形で思いっきり「発散」すると、封じ込められた怒りを放出したと脳は勘違いしてくれます。インパクトが強ければ強いほど、それがバーチャルであっても「リアルなもの」と脳は受け止めるからです。

ただ、本当に気の優しい人、極端に自己肯定感が低くなっている人は、バーチャルであっても反撃できないことがあります。「怒る」前に傷ついて戦意喪失してしまうのです。

怒りの感情を無理にたぎらせる必要はありませんが、傷つくのはつらいですよね。発散できないと傷もなかなか癒えないでしょう。

あなたを傷つける人は、あなたの人生という舞台に、たまたま登場した脇役の1人。単なる通行人Aです。「私が主役の舞台に出てくれてありがとう」と、サラッと流してしまいましょう。

自律神経を整える「1対3の法則」

現代はストレス社会といわれますが、だからこそストレスに関する研究も進み、ストレスを解消するためのグッズや方法も豊富に出揃っています。

ストレスを完全に排除するのはどのみち無理ですし、仮に排除できたとしてもまったくストレスのない暮らしというのも、心身の刺激が極端に減って健康的ではありません。

心身の健康のために、1の興奮（ストレス）はあってもいいのです。問題は興奮を受けたままにすること。**1の興奮を受けたら、それに対して3のリラックスでケアしましょう。**

激しい運動をしたら、その3倍の時間をかけてしっかり体を休めましょう。

夫婦ゲンカを1回したら、おいしいものを食べるとか、香りのいい紅茶を飲むとか、散歩でもいいでしょう。1の興奮をならすために3のリラックスを入れます。

イラッとくることが1回あったら、心が喜ぶことを3回。

これが「1対3の法則」です。ストレスはその日のうちに解消して持ち越さない。大きく積もってしまったら解消するのも大仕事になってしまいます。

お風呂で「1対3の法則」を実践

一日に何度もイラッとくることがある。そんな日もあるでしょう。自分ではどうしようもないこともあります。

その日にたまったネガティブな感情はお風呂で一気に流してしまうに限ります。入浴でも「1対3の法則」を活用して、スッキリ効果をアップさせましょう。

交感神経を刺激する熱めのお湯（42度前後）に1、ぬるめのお湯（38〜40度）に3の時間配分で浸かります。

熱めのお湯で交感神経をちょっと上げてから、ぬるめのお湯で副交感神経が優位になるよう促すのです。最初に心地よい緊張状態を演出することで、その後のリラックス効果がより高くなります。

「カラスの行水」はやめてほしいのですが、江戸っ子の「熱湯好き」は「1対3の法則」を守れば自律神経を整え、ストレスを解消するのに大いに役立ってくれます。

「更年期＝第三次反抗期」を乗り越えるために

若い女性をして「箸が転がっても笑う」と表しますが、更年期の女性は**「箸が転がっても怒る」**。そんな時期です。**とにかくイライラしてたまらないのは、その人の人格の問題ではありません。**ホルモンバランスが急激に崩れ、自律神経が乱れているからです。

「黄昏《たそがれ》泣き」といって、夕暮れどきにお腹もいっぱい、おむつも問題ない、それなのに赤ちゃんがぐずって泣き続けることがあります。

昼から夜に移行するなか、自律神経も交感神経から副交感神経へと切り替わり、その変化が赤ちゃんにとっては不快に感じられるのです。自律神経の乱れは、明らかにメンタルに影響を及ぼすのです。

第三次反抗期はバストケアのはじめ時

幼児期の第一次反抗期、思春期の第二次反抗期に続いて、**更年期は第三次反抗期。**女性ホルモンの減少で自律神経は乱されます。目減りした女性ホルモンでは生理や排卵は起こせませんが、「老けバスト」を改善するには十分です。

減ってしまった女性ホルモンをバストに割り振ってバストを若返らせる方法は1つではありません。

がんばりすぎてバストが離れた方は呼吸も浅くて疲れやすく、せっかちになりがち。ブラジャーでバストの位置を正すだけで思考が落ち着いてきます。

体が冷えている「縮みバスト」の方は、循環が滞っている「氣・血・水」を流すようにしましょう。バストがふくらみを取り戻す頃には、更年期由来の手足の冷えも改善されています。

「たるみバスト」の方はバストの重みで肩こりがひどいので、まずは肩こり改善から。肩が軽くなると更年期特有の倦怠感から解放され、バストのハリも戻ってきます。

第三次反抗期が来たらバストケアを。更年期を快適に過ごしながら、更年期が終わる頃にはきれいで美しいバストになりましょう。

バストから全身、そして心まで美しくなっていく

女性たちの心身のケアをサポートしてきて30年。確実にいえることがあります。

健康な人は美しい。でも、美しい人が健康とは限らない。

女性は女性であるだけで美しいと私は思っています。温かさとやさしさを感じさせる、やわらかくて丸みのある体。バストは女性の美しさの象徴といえます。

女性の美しさとは、戦うためのものではありません。確かに、美しさは十分武器になります。でも、だからといって戦うために美しさを磨くと、女性本来の美しさからどんどん離れていってしまいます。

勝ち負けや競争を意識して美容やメイクにお金をかけても、それで得られた美しさはストレスと表裏一体です。

競争や比較はキリがありません。

自分の幸せを自分で判断できる。自分の人生を自分が楽しいと思える。笑顔でいられる。美しい人とは自分で決めて、選んで、完結できる人です。

お手本は「卵子」のふるまい

素敵な生き方をしている人と出会うと「あんな風になりたいな」と思いますよね。考え方や行動をお手本にしたくなるような人のことをロールモデルといいます。

私にとっての究極のロールモデルはというと……「卵子」です！

卵巣から出た卵子は、ゆったりとした動きでスズランの香りを漂わせながら卵管を踊るように移動します。

一方、精子はたおやかな卵子とは正反対です。体内に侵入した異物として攻撃を仕掛けてくる白血球をかわしながら、スズランの香りを頼りに卵子めがけて必死に泳ぐのです。

競争をくぐり抜け、やっと卵管にたどり着いた精子を、卵子は穏やかに導き入れます。

精子は競争する細胞ですが、卵子は誰とも争いません。優雅に舞いながらゆったりと自分のペースで生きるのです。

「戦わない」ということは本当に美しいことです。誰かを傷つけることも、自分を傷つけることもありません。

女性は自分の持っているものを最大限に生かすだけで、十分に美しくいられます。

お手本はあなたの卵子。卵子のふるまいに立ち返ってみましょう。

自分という花を咲かす前に枯らしてしまってはもったいない。持っている花はそれぞれですが、最大限に咲かせられるのは心も体も健康な女性です。

コラム

バストアップにはベストシーズンがある

知ってましたか？　人間にも冬眠が必要なんですよ。

ただ、冬眠といっても、熊やリスのようにずっと眠り続けることではありません。「冬の眠り」といわれますが、睡眠時間を毎日少し延ばせばよいのです。冬はほかの季節よりも1時間長く寝てくださいと皆さんにアドバイスしています。

さて、治療院のそばに季節外れの狂い咲きを見せる桜の木があります。季節に関わりなく満開の桜というのはいいものですが、ふと「なんでこんな時期に花が咲いたんだろう」と気になって開花のメカニズムを調べたところ、日照時間で花を咲かせるか判断することがわかりました。

それで思い出したのが、不妊の患者さんと朝日の関係です。不妊で悩む方はたいてい睡眠不足で生活リズムも乱れ気味。「まずはたっぷり寝ましょう。そして、朝日を存分に浴びましょう」とアドバイスしたところ、すぐにお子さんが授かったケースもありました。

自然のリズムに体のリズムを合わせていくと、体のなかから元気になります。冬はゆっくりと体を休ませる季節。夏から蓄積された「冷え」や「疲労」を完全に癒やすためのリカバリーの季節です。

ゆっくり体を休ませる季節に睡眠時間を長めにとる。これだけで自然の摂理と自分の体のリズムを揃えることができ、バストケアも成果がしっかり出ます。

おわりに

巷《ちまた》に氾濫する情報のなかには、「自律神経」という本質を無視したまったく逆効果のものも少なくありません。

バストケアはがんばればがんばるほど、皮肉なことに効果が遠のいていきます。

何度も書きましたが、しゃかりきでは交感神経が優位となり、バストにも緊張が伝わってしまうからです。

とくにセルフケアは必死になりがち。たくさんやれば、痛いほどに力を入れてやれば、効果が出るわけではありません。

本書では、ご自身で安全にできる、本当に効果があるメソッドを集めました。

「ゆるく、楽しく、気持ちよく」がちょうどいい加減ですから、そんな「ノリ」のメソッドを紹介しました。

バストをかわいがって、大事にするきっかけに、本書がなりますように。

バストはあなたの分身なのですから。

鍼灸師としての私のポリシーは、皆さんに笑顔で帰っていただくこと。

治療院で向き合うのはその女性だけですが、治療の成果はその方とつながるすべての方々――配偶者やお子さん、両親や兄弟姉妹、上司や同僚、友人や恋人――に及ぶと私は信じています。

女性の笑顔は尊い。

その笑顔に触れた全員を幸福にしてくれます。

ほんの小さな蝶の羽ばたきが、いつの間にか大きなうねりになることを「バタフライ効果」といいますが、女性という存在は誰しも、その「笑顔」でバタフライ効果を巻き起こす力を秘めているのです。

ご本人だけでなく、その周囲の方々も幸福にしたい。そう願いながら施術しています。

バストは女性にとって特別な場所。愛着が大きい分、コンプレックスになったときのダメージはとても大きいのです。

痛みや不快感を軽減する施術だけでなく、美しさという変化を実感できる施術もまた、女性たちに輝くばかりの笑顔をもたらすことを私は知っています。

バストは、その女性の「心身の健康度」を示す場所でもあります。

現代を生きる女性は本当に忙しくて、いっぱいいっぱいでも誰かに甘えたり頼ったりせず１人でがんばりがちです。

自分のことを後回しにしているうちに「老けバスト」化はどんどん進みます。バストからの危険信号を見逃して自律神経の乱れを正すことなく過ごした結果、心身の健康が損なわれる。がんばる女性ほど、そんな危うさと隣り合わせなのです。

どうか、自分にもっともっと、手をかけてあげてください。

ふわぷるバストは健康の証です。ふわふわとして温かく、ぷるぷるしたハリがある。それは体を巡る血液が穏やかに流れた結果、得られるのです。

バストにもたらされた「美」は、あなたの心と体も健康にして、よりよい人間関係へとつながっていくでしょう。

そんな「バタフライ効果」を楽しんでくださいね。本書が少しでもお役に立てることを願っています。

正木治療院

ホームページ
https://binyuharimt.info

LINE 公式アカウント
https://page.line.me/802brjxs

著者紹介

正木民子〈まさき たみこ〉
1963年生まれ。正木治療院院長。鍼灸師、マッサージ師、心理カウンセラー。治療実績は3万人以上。2003年、名古屋市に女性専門鍼灸院を開業、女性特有の自律神経トラブル、産前産後のバストケアを通し、1万人の女性のバストと向き合う。女性の心身を健康にする施術を模索するなかで、自身の不調をきっかけに、バストに体や心の状態があらわれることに気づき、バストケアを通じて健康になるメソッドを確立。「日本初のバストアップ鍼灸師」として3000人の女性のバストアップをかなえる。リピーター率は9割以上で、海外からも多くの女性が来院。オンライン講座でもバストアップする人が続出している。

日本初《にほんはつ》のバストアップ鍼灸師《しんきゅうし》の
「胸《バスト》」からきれいに変《か》わる自律神経《じりつしんけい》セラピー

2023年2月1日　第1刷

著　　者　正《まさ》 木《き》 民《たみ》 子《こ》
発 行 者　小 澤 源 太 郎

責任編集　株式会社 プライム涌光
電話　編集部　03(3203)2850

発 行 所　株式会社 青春出版社
東京都新宿区若松町12番1号 〒162-0056
振替番号　00190-7-98602
電話　営業部　03(3207)1916

印刷　三松堂　　製本　大口製本

万一、落丁、乱丁がありました節は、お取りかえします。
ISBN978-4-413-23287-6 C0077